Franziska Brandmeier / Susanna Kastner

Lernbeeinträchtigungen und inklusiver Unterricht
Gestaltung und Organisation

Mit 23 Abbildungen und 4 Tabellen

Vandenhoeck & Ruprecht

Die Personen und Beispiele sind frei erfunden. Etwaige Ähnlichkeiten mit tatsächlichen Begebenheiten oder Personen wären rein zufällig.

Aus Gründen der Übersichtlichkeit und leichteren Lesbarkeit wird nur die männliche Form von Schülerinnen und Schülern sowie Lehrerinnen und Lehrern verwendet.

Bibliografische Information der Deutschen Nationalbibliothek:
Die Deutsche Nationalbibliothek verzeichnet diese Publikation in der Deutschen Nationalbibliografie; detaillierte bibliografische Daten sind im Internet über http://dnb.de abrufbar.

© 2019, Vandenhoeck & Ruprecht GmbH & Co. KG,
Theaterstraße 13, D-37073 Göttingen
Alle Rechte vorbehalten. Das Werk und seine Teile sind urheberrechtlich geschützt. Jede Verwertung in anderen als den gesetzlich zugelassenen Fällen bedarf der vorherigen schriftlichen Einwilligung des Verlages.

Umschlagabbildung: © Khakimullin Aleksandr – Shutterstock.com

Satz: SchwabScantechnik, Göttingen
Druck und Bindung: ⊕ Hubert & Co. BuchPartner, Göttingen
Printed in the EU

Vandenhoeck & Ruprecht Verlage | www.vandenhoeck-ruprecht-verlage.com

ISBN 978-3-525-70268-0

Inhalt

Vorwort 7

1 **Was sind Lernbeeinträchtigungen?** 10
  1.1 Sonderpädagogischer Förderbedarf nach der KMK ... 10
  1.2 Lernbeeinträchtigungen 12
  1.3 Rahmenlehrplan für den Förderschwerpunkt Lernen 15
  1.4 Zusammenfassung 17

2 **Lernen gelingt, wenn …** 20
  2.1 Effektive Unterrichtsmethoden 20
  2.2 Effektive Fördermethoden aus sonderpädagogischer Sicht und deren Konsequenzen für den Unterricht ... 31
  2.3 Basale Voraussetzungen des Schülers 32
  2.4 Zusammenfassung 33

3 **Sara, Niko, Jonas … und ihr Problem mit der Schule** 34

4 **Denken und Lernstrategien** 39
  4.1 Definition 39
  4.2 Sara hat einfach keine Lust 42
  4.3 Daria kann es sich nicht merken 48
  4.4 Niko will, wenn da nicht der Hund wäre 54

5 **Motorik und Wahrnehmung** 61
  5.1 Definition 61
  5.2 Sara liegt auf dem Tisch 64
  5.3 Felix hört etwas anderes 69
  5.4 Was schreibt Lilly da? 72

6 **Sprache und Kommunikation** 77
  6.1 Definition 77
  6.2 Niko erzählt viel und gern – aber was? 81
  6.3 Felix und das Nachdenken über Sprache und Sprechen 86
  6.4 Jonas spricht (nicht) mit anderen 93

7 Emotionen und soziale Kompetenz 99
7.1 Definition 99
7.2 Lilly möchte jetzt nicht – das hat sie doch gesagt 102
7.3 Daria hört lieber zu 110
7.4 Jonas hat zwei Gesichter 113

8 Alles entscheidend: die Lehrerhaltung 123

Literatur 127

Sachregister 133

Vorwort

In den letzten zehn Jahren hat sich durch den Beschluss, dass Inklusion zur Aufgabe aller Schulen wird, die Zahl der Schüler mit sonderpädagogischem Förderbedarf an Grund- und Hauptschulen verdoppelt (vgl. Statistisches Bundesamt 2018, 22).

Im Schuljahr 2016/17 gab es ca. 497.400 Schüler mit Lernbeeinträchtigungen. Von diesen wurden deutschlandweit knapp 36 % in den allgemeinbildenden Schulen unterrichtet. Das entspricht 7 % der Schülerschaft eines Jahrgangs (vgl. ebd.).

Nimmt man dann noch hinzu, dass die Anzahl der Schüler mit sonderpädagogischem Förderbedarf seit Jahren kontinuierlich steigt (vgl. Bertelsmann Stiftung 2015, 38), ist davon auszugehen, dass sie auch noch weiter steigen wird.

Dadurch stehen gerade Primar- und Sekundarstufenlehrer plötzlich vor einer Aufgabe, auf die in der deutschen Lehrerausbildung bis dato kaum Wert gelegt wurde. Viele Lehrkräfte haben somit aktuell mit Schülern zu tun, für deren besondere Bedürfnislage sie nicht ausgebildet wurden – und der gute Wille allein reicht nur selten aus.

Zudem ist oft schnelle und akute Hilfe von Nöten. Dieses Buch hat sich zum Ziel gesetzt, klassische Schwierigkeiten von Schülern mit Lernbeeinträchtigungen und dazu passende konkrete Maßnahmen vorzustellen. Dazu sollen die Maßnahmen tatsächlich realisierbar für die Lehrkraft sein, die Klasse davon auch profitieren oder zumindest nicht gestört werden und der Schüler mit Lernbeeinträchtigung gewinnbringend am regulären Unterricht teilhaben können.

Selbstverständlich können das keine Patentlösungen sein, denn »Pädagogik ist Erfahrungssache und weitgehend personengebunden« (Zerle 2018, 11).

»Wer alle Schüler gleich behandelt, der ist ungerecht« (Zerle 2016, 11). Eigentlich ein recht verwirrender Satz, geht man doch automatisch vom Gegenteil aus. Sinn macht er dann, wenn man die Reaktion unterschiedlicher Schüler auf die gleiche Ursache genauer betrachtet. Als Beispiel wäre hier das klassische Diktat zu sehen.

Max hat ein sauberes Schriftbild. Er zeichnet die Buchstaben mehr, als dass er sie schreibt. Einmal gesehen, schreibt er die Wörter zuverlässig richtig. Die Rechtschreibregeln kennt Max alle, die Ausnahmen sowieso. Sowohl ihm als auch den Eltern sind gute Noten sehr wichtig. Aber Max schafft das auch mit Leichtigkeit.

Und nun: ein Leichtsinnsfehler im Diktat! Als ob das nicht schon schlimm genug wäre, könnte ein (für Max' Empfinden) zu unsensibler Hinweis des Lehrers Max bereits die Tränen in die Augen schießen lassen.

Yannik ist ein durchschnittlicher Schüler. Er arbeitet so viel, dass er gut durchkommt. In der Schule freut er sich insbesondere darauf, seine Freunde zu treffen.

Wenn Yannik einige Fehler im Diktat hat und dafür eine ordentliche Rüge erhält, so wird er diese hinnehmen – schließlich hat er auch nicht wirklich dafür geübt.

Daria hat große schulische Schwierigkeiten, nicht nur in der Rechtschreibung. Auch wenn sie übt, kann sie sich die Inhalte nur schwer merken. Sie braucht für alles länger.

Im Diktat hat sie 30 Fehler – in Schulnoten übersetzt eine klare 6. Hat sie jetzt das heftigste Donnerwetter verdient?

Doch was, wenn sie üblicherweise an die 60 Fehler im Diktat hätte? Wäre dann eine Reduktion auf nur 30 nicht eine phantastische Leistung? Und hätte sie damit nicht die steilste Lernkurve der drei Schüler?

Es ist offensichtlich, dass man jeden dieser Schüler unterschiedlich behandeln muss. Um fair zu sein und um jeden seiner Schüler steuern zu können, muss der Lehrer seine Schüler kennen und abschätzen können, wie deren Reaktion sein wird.

Natürlich werden die Schüler durch Noten mit der inhaltlichen sowie der sozialen Bezugsnorm verglichen. Jenseits der Noten bedarf es jedoch auch der Sensibilität, einen individuellen Vergleich zu ziehen, in diesem Fall besonders wichtig für den sensiblen Max und die lernschwache Daria.

Der Umgang mit Kindern wie Daria, die in der allgemeinbildenden Schule beschult werden, nimmt in diesem Buch einen besonderen Stellenwert ein. Zentrales Anliegen ist es, die Teilhabe von Schülern mit Lernbeeinträchtigungen im Unterricht anhand von Fallbeispielen zu thematisieren und einen Pool von Handlungsmöglichkeiten zu skizzieren, der die Lehrkraft im Unterricht unterstützt.

1 Was sind Lernbeeinträchtigungen?

»Weiß er nicht, kann er nicht oder will er nicht?« (Ellinger 2017, 6). Diese Frage zeigt die Vielschichtigkeit des Begriffs der Lernbeeinträchtigungen auf. Ziel dieses Kapitels ist die Darlegung und Klärung des Begriffs »Lernbeeinträchtigungen«. Beginnend mit seiner Genese durch die Empfehlungen der Kultusministerkonferenz von 1994 und 1999, die einen Paradigmenwechsel in der Sonderpädagogik und ihrem Verständnis sich selbst gegenüber einleiteten. Es folgt eine inhaltliche Definition von Lernbeeinträchtigungen als erschwerte Lern- und Lebenssituation nach Heimlichs Konzept der gravierenden Lernschwierigkeiten. Ergänzt wird diese Erläuterung durch das Grundverständnis des bayerischen Lehrplans für den Förderschwerpunkt Lernen, insbesondere die Hervorhebung von vier Entwicklungsbereichen, die den Rahmen der Fallbeispiele in den Kapiteln 4 bis 7 bilden. Den Abschluss bildet eine zusammenfassende Darstellung des Konstrukts der Lernbeeinträchtigung.

1.1 Sonderpädagogischer Förderbedarf nach der KMK

Lernbehinderung, Lernschwierigkeiten, Lernschwäche, Lernstörung, Lernbeeinträchtigung – alle diese Begriffe, die seit den 1970er-Jahren eine Sonderschulbedürftigkeit legitimieren, vereint der Grundgedanke, Lernverhalten, das von der Norm abweicht, zu beschreiben oder gar zu etikettieren. Gemeinsam ist ihnen, dass sie Probleme des Lernens anhand der Kriterien Umfang, Schweregrad und Dauer in Kategorien einzuordnen versuchen. Problematisch daran: Häufig kommt es zu Überschneidungen, und die exakten Trennlinien verschwimmen, diese Klassifizierung hat aber reale institutionelle Folgen – nämlich die Zuweisung zu einem bestimmten Schultyp (vgl. Heimlich 2009, 19 ff.). Dies gipfelt in der Aussage »Lernbehindert ist, wer eine Schule für Lernbehinderte besucht« (Bleidick 1998, 106).

Eine erste Abkehr von dieser Terminologie wird in den Empfehlungen zur sonderpädagogischen Förderung in den Schulen der Bundesrepublik Deutschland 1994 der Kultusministerkonferenz ersichtlich mit der Implementierung des Begriffs des sonderpädagogischen Förderbedarfs.

»Sonderpädagogischer Förderbedarf ist bei Kindern und Jugendlichen anzunehmen, die in ihren Bildungs-, Entwicklungs- und Lernmöglichkeiten so beeinträchtigt sind, daß sie im Unterricht der allgemeinen Schule ohne sonderpädagogische Unterstützung nicht hinreichend gefördert werden können« (Sekretariat der ständigen Konferenz der Kultusminister der Länder in der Bundesrepublik Deutschland 1994, 6).

Eine Fortführung stellte die Differenzierung des sonderpädagogischen Förderbedarfs in verschiedene Förderschwerpunkte dar. Im Jahr 1999 erschienen die Empfehlungen zum Förderschwerpunkt Lernen:

»Sonderpädagogischer Förderbedarf ist bei Kindern und Jugendlichen gegeben, die in ihrer Lern- und Leistungsentwicklung so erheblichen Beeinträchtigungen unterliegen, dass sie auch mit zusätzlichen Lernhilfen der allgemeinen Schulen nicht ihren Möglichkeiten entsprechend gefördert werden können« (Sekretariat der ständigen Konferenz der Kultusminister der Länder in der Bundesrepublik Deutschland 1999, 5).

Ziel der Empfehlungen der Kultusministerkonferenz war das Aufzeigen der Verknüpfungen der Förderschwerpunkte mit der Notwendigkeit einer engen Kooperation und die Darstellung der komplexen Bedingungsgefüge der einzelnen Förderschwerpunkte. Die Abgrenzung zur »normalen« Schülerklientel erfolgte durch den Passus der zusätzlichen Lernhilfen (vgl. Heimlich 2009, 23 ff.). Vielfach werden die Empfehlungen der Kultusministerkonferenz als Paradigmenwechsel in der Sonderpädagogik deklariert. Sie hatten ein verändertes Verständnis der Sonderpädagogik zur Folge: Sonderpädagogik verstand sich nunmehr als subsidiäre Pädagogik mit dem Verzicht auf eine stigmatisierende und kategorisierende Zuweisung zu Behinderungsarten. Des Weiteren war ein Wechsel von der schulorganisatorischen Sonderschulbedürftigkeit hin zur personenbezogenen Beschreibung des individuellen sonderpädagogischen Förderbedarfs vollzogen (vgl. Schor 2001, 10). Nun standen die Leitmotive »So viel integrative Förderung wie möglich, so viel spezifische Förderung wie nötig« (Schor 2001, 10) und »Die (Förder-)Schulen sind für die Schüler da« (ebd.) im Vordergrund. Sonderpädagogen wie Heimlich, Schröder, Vernooij bezweifelten allerdings, ob diese Begrifflichkeit wirklich geeignet sei, die traditionelle Lernbehindertenpädagogik abzulösen, und ob es sich nicht vielmehr um alten Wein in neuen Schläuchen handle. Deshalb führt Heimlich als Ersatz den Begriff der gravierenden Lernschwierigkeiten an (vgl. Heimlich 2009, 25).

1.2 Lernbeeinträchtigungen

Grundsätzlich gilt es zunächst ein Bewusstsein zu schaffen, dass Lernbeeinträchtigungen bei allen Lernenden in allen Lernprozessen auftauchen können, nämlich immer an der Anforderungsschwelle zwischen vorhandenen und noch zu erwerbenden Fähig- und Fertigkeiten. Kinder mit Lernbeeinträchtigungen können jedoch diese Schwelle nicht allein erklimmen und überqueren und sind bei der Bewältigung auf professionelle Unterstützung angewiesen (vgl. Heimlich 2009, 26 ff.). Dies schließt ein alleiniges Helferprinzip unter Schülern aus und legt einen Lehrer-Schüler-Bezug in kleinen Gruppen nahe (vgl. Schromm 2017, 54). Der bayerische Rahmenlehrplan für den Förderschwerpunkt Lernen sieht Lernbeeinträchtigungen als Resultat einer komplexen Störung der Interaktion der Entwicklungsbereiche, die für erfolgreiches Lernen relevant sind (vgl. Bayerisches Staatsministerium für Unterricht und Kultus 2012, 10). Bei einer Schülerklientel, welche Anforderungen im Wissenserwerb und Lernprozess nicht mehr eigenständig bewältigen kann, folgt häufig eine Stressreaktion, die eine Leistungsstörung beinhaltet. Die Folge ist das Zusammenspiel von Versagen und Vermeiden und somit die Verhinderung von Leistung. Das wiederum beeinflusst die Kausalattribution (s. 2.1.5) des Betroffenen negativ, sodass am Ende eine vollständige Vermeidung der Leistungssituation steht (vgl. Betz/Breuninger 1998, 45 ff.). Betz und Breuninger (1998) bezeichnen dies in ihrem Buch als den sogenannten Teufelskreis Lernstörungen. Dieser pädagogische, soziale und innerpsychische Kreislauf entsteht durch Misserfolge und führt gleichzeitig dazu, dass Lernanstrengungen durch eine internal attribuierte Aussichtslosigkeit vermieden werden (vgl. Werning/Lütje-Klose 2006, 57). Damit eng im Zusammenhang steht der Terminus der »erlernten Hilflosigkeit« (Seligman 1992). Seligman geht davon aus, dass sich diese entwickelt, wenn Personen zu der Überzeugung gelangen, dass sie zu wenig Fähigkeiten besitzen und diesen Zustand nicht verändern können. Die Folgen sind Interessenlosigkeit sowie Gleichgültigkeit, die kognitive und emotionale Beschränkungen hervorrufen. In der Konsequenz werden Lernanstrengungen, die als aussichtslos wahrgenommen werden, vermieden und die Lernbereitschaft somit eingeschränkt oder gar blockiert (vgl. Werning/Lütje-Klose 2006, 57). Sowohl das System des Teufelskreises Lernstörung als auch die erlernte Hilflosigkeit zeigen, dass Lernbeeinträchtigungen – im Unterschied zu normalen Lernschwierigkeiten, die in jedem Lernprozess entstehen können – und vor allem ihre innerpsychischen Folgen nicht allein bewältigt werden können.

Heimlichs Konzept der gravierenden Lernschwierigkeiten umfasst mehr als die reine Lernsituation und damit einhergehende Probleme im Lesen, Schreiben, Rechnen und Lernen lernen (vgl. 2009, 33). Gravierende Lernschwierigkeiten – oder Lernbeeinträchtigungen – gehen häufig mit internalisierenden (wie Vermeidung, psychosomatische Reaktionen) und/oder auch externalisierenden Verhaltensweisen (wie Aggression, absichtliches Stören) einher (vgl. Schromm 2017, 55). Beide Pole stellen extreme Emotionen dar und behindern das Lernen mehr als es zu fördern. Ob sie letztlich Ursache oder Folge mangelnder Lernprozesse sind, lässt sich in jedem Fall nur individuell festmachen. Spitzer bringt dies mit der Aussage »Aus Erlebnissen der Seele werden Spuren im Gehirn« (2014, 3) auf den Punkt. Diese Erlebnisse der Seele entstammen jedoch nicht zwangsläufig dem schulischen Umfeld, sondern ebenso häufig dem sozialen Umfeld.

Eine Emotion sei in diesem Zusammenhang besonders hervorgehoben, da sie in der Praxis zu wenig Berücksichtigung findet: Scham. Scham ist eine der stärksten menschlichen Emotionen, die gleichzeitig wenig greifbar scheint (vgl. Marks 2005). Scham über Misserfolg, Scham über eine unangemessene Verhaltensweise, Scham über schulische Lernprobleme, Scham über mangelnde soziale Anerkennung oder Scham über den Gesichtsverlust im Klassenverband, Scham über Zurechtweisungen durch die Lehrkraft – alle diese Punkte sind beschämend, erst recht für Kinder, die sich ihren Platz in der Gesellschaft suchen müssen. Scham taucht für Schüler mit Lernbeeinträchtigungen aber nicht nur im schulischen, sondern häufig auch im sozialen Umfeld auf.

Soziale Benachteiligung und die Lebenslage Armut tragen nach Heimlich ebenso zur Entstehung von Lernbeeinträchtigungen bei (vgl. 2009, 66 f.). Die PISA-Studien belegen regelmäßig, dass in kaum einem anderen Land Bildungserfolg und Herkunft so eng zusammenhängen wie in Deutschland (z. B. Heimlich 2009; Stompe 2005). Ellinger führt an, dass der Großteil aller schulversagenden Schüler aus problematischen Verhältnissen und prekären Lebenssituationen stammt (vgl. Ellinger 2017, 8). Für den Unterrichtsalltag muss sich jede Lehrkraft immer wieder die Frage stellen, ob die Grundbedürfnisse der Kinder erfüllt sind und sie somit in der Lage sind, sich dem Lernen als etwas Höherem zu widmen. Neben der finanziellen Armut sei auch auf das Schlagwort der Bildungsarmut verwiesen. Mit der Bildungsarmut einhergehende fehlende vor- und/oder außerschulische Förderung, mangelndes Vorwissen und nachmittägliche Unterstützung bei den Hausaufgaben zeigen auf, weshalb Lernbeeinträchtigungen auch exogen verursacht sein können – wobei eine Pauschalisierung oder gar Generalisierung vermieden werden muss (vgl. Schromm 2017, 56).

Neben den Aspekten der Armut in ihren verschiedenen Ausprägungen muss auch das soziale Umfeld an sich bedacht werden, wie es Alfred Sander in seiner *Kind-Umfeld-Analyse* von 1993 fordert. Auch die KMK 1994 greift den Aspekt der Kind-Umfeld-Analyse auf. Im Vordergrund steht hier nicht mehr eine defizitorientierte Diagnostik, die sich allein auf das Kind fokussiert, sondern eine systemische und interaktionistische Sichtweise. Das Kind muss mit seinem ganzen sozialen Umfeld in den Blick genommen werden. Dazu gehören die o. g. Aspekte und Lebenslagen der Armut, aber auch die personellen Gegebenheiten – das System Familie, das fördernde oder hemmende Auswirkungen auf das Kind (und in unserem Falle sein Lernverhalten) hat. Bundschuh (2005) verweist auf die Relevanz der Aspekte eines geregelten Tagesablaufs, der sozial-emotionalen Beziehungen zu Peers sowie Erwachsenen und Bezugspersonen bei der Erhebung der aktuellen Lebenssituation des Kindes (vgl. 326 ff.). Vor allem die Beziehung zu einer stabilen Bezugsperson ist vor dem Hintergrund der Resilienzforschung von zentraler Relevanz. In vielen Fällen ist ein instabiles Beziehungsumfeld mit auslösend für die Entstehung von Lernbeeinträchtigungen oder die Nicht-Bewältigung einer erschwerten Lernsituation, da hier grundlegende Emotionen im Vordergrund stehen und sich das Kind nicht länger auf sein geistiges Wachstum allein konzentrieren kann.

Einhellinger führt an, dass die Lebenswelt dieser Schülerschaft ein Leben in sozialer Benachteiligung die Aspekte der Armut, des Lebens in einem bildungsfernen Milieu oder einer Risikofamilie, mit Traumatisierungen oder mit Migrations- und Fluchthintergrund sein kann (vgl. 2018, 29 ff.).

Zusammenfassend gesagt: Lernbeeinträchtigungen können endogen wie exogen bedingt sein, nur mit professioneller Hilfe gefördert werden, führen häufig zu internalisierenden oder externalisierenden Verhaltensweisen und können in negative Kausalattributionen, den Teufelskreis Lernstörungen und/oder eine erlernte Hilflosigkeit münden.

1.3 Rahmenlehrplan für den Förderschwerpunkt Lernen

Die Integration von Kindern mit Lernbeeinträchtigungen in die allgemeine Schule ist seit Jahrzehnten Thema der deutschen Heil- und Sonderpädagogik. Das Schlagwort der Inklusion gewann durch die Erklärung von Salamanca der UNESCO im Jahr 1994 an Bedeutung. Inklusion stellt dabei eine Weiterentwicklung der Integration dar. Inklusion setzt sich zum Ziel, dass eine Separation von vornherein vermieden wird und Grenzen zwischen behinderten und nicht behinderten Kindern gar nicht erst entstehen (vgl. Bundschuh/Heimlich/Krawitz 2007, 137 ff.). In Deutschland gewann die Inklusion durch die Ratifizierung der UN-Behindertenrechtskonvention im März 2009 an Relevanz und Brisanz. Mit Art. 24 der Konvention gewährleisten die Vertragsstaaten das Recht von Menschen mit Behinderung auf Bildung und die Umsetzung dieses Rechts mit dem Ziel der Chancengleichheit in einem integrativen und allgemeinen Bildungssystem auf allen Ebenen und dem Anspruch auf lebenslanges Lernen (vgl. Beauftragte der Bundesregierung für die Belange von Menschen mit Behinderungen 2017, 20 f.). In Bayern entsprach man diesen Anforderungen durch die Einführung eines neuen Lehrplans im Jahr 2012: dem Rahmenlehrplan für den Förderschwerpunkt Lernen. Ziel dieses Lehrplans ist eine Loslösung von der direkten Koppelung an einen bestimmten Schultypus und einer synchronen Verwendung zu den Lehrplänen der allgemeinen Schulen, wobei die Schüler mit Lernbeeinträchtigungen im Fokus stehen. Grundlage des Rahmenlehrplans bilden vier Entwicklungsbereiche, deren erfolgreiche Interaktion die Basis für gelingenden schulischen Kompetenzerwerb darstellen (vgl. Bayerisches Staatsministerium für Unterricht und Kultus 2012, 9 f.). Die vier Entwicklungsbereiche bilden den Rahmen für die Einordnung der Fallbeispiele in den Kapiteln 4 bis 7 und werden daher kurz erläutert.

Als grundlegendster Entwicklungsbereich für Schüler mit Lernbeeinträchtigungen lässt sich der Bereich *Denken und Lernstrategien* nennen. Er umfasst Aspekte der Konzentration, Aufmerksamkeit, Strukturierungsfähigkeit, Begriffsbildung, Handlungsplanung, schlussfolgerndes Denken, Gedächtnisleistungen und Stützfaktoren von Lernprozessen (wie Motivation, Sorgfalt, Zeit- und Arbeitsplatzmanagement, Selbstständigkeit). Der Entwicklungsbereich *Motorik und Wahrnehmung* umfasst die basalen Bereiche der auditiven und visuellen Wahrnehmung, Körperwahrnehmung und alle grundlegenden motorischen Prozesse. Im Bereich *Kommunikation und Sprache* werden verbale und nonverbale Kommunikation zusammengefasst, ebenso die metasprachliche Bewusstheit und grundlegende Sprachdimensionen (wie Wortschatz, Satzbau, Aussprache, Sprach- und Anweisungsverständnis). Den letzten Entwicklungsbereich stellen *Emotionen und soziales Handeln* dar, sie umfassen Team- und Gemeinschaftsfähigkeit, Konfliktfähigkeit, Selbstbild, emotionales Erleben sowie Empathie (vgl. Bayerisches Staatsministerium für Unterricht und Kultus 2012, 25 ff.). Eine erfolgreiche Interaktion dieser Bereiche ist die Voraussetzung für Kompetenzerwerb. Bei Schülern mit Lernbeeinträchtigungen treten selten nur Erschwernisse in einem Entwicklungsbereich auf, häufig liegen komplexe Störungen in diesem Zusammenspiel vor (vgl. Bayerisches Staatsministerium für Unterricht und Kultus 2012, 10). In diesem Zusammenhang sei außerdem auf die sich »verstärkend-verfestigende Wechselwirkung« (Schor 2001, 25) der drei Förderschwerpunkte Lernen, Sprache und Verhalten verwiesen. Diese »Trias« (ebd.) zeigt auf, dass sich die einzelnen Förderschwerpunkte, für die vor Jahrzehnten eigene Schultypen generiert wurden, nicht voneinander trennen lassen und die am weitesten verbreitete Förderschwerpunkte sind (vgl. Sander 2007, 85).

1.4 Zusammenfassung

- Lernbeeinträchtigungen verstehen wir nach Heimlichs Konzept der gravierenden Lernschwierigkeiten (2009) als erschwerte Lern- und Lebenssituation, die sich gegenseitig bedingen.
- Die erschwerte Lernsituation entsteht durch ein komplexes Interaktionsgefüge der vier Entwicklungsbereiche, wie sie der bayerische Rahmenlehrplan für den Förderschwerpunkt Lernen anführt.
- Die erschwerte Lebenssituation kann durch verschiedene Aspekte der Armut (materielle Armut, Bildungsarmut, soziale Ungleichheit), aber auch durch ein instabiles soziales Umfeld und soziale Benachteiligung (Risikofamilie, Migrations-/Fluchthintergrund, Traumatisierung, bildungsfernes Milieu) begünstigt werden.
- Von weiterer Relevanz sind die möglichen Auswirkungen von Lernbeeinträchtigungen auf Kinder: internalisierende und externalisierende Verhaltensweisen, innerpsychische Kreisläufe, die Lernen bedingen und ebenso motivationale und volitionale Aspekte – »Trias«.

Die Erläuterungen dieses Kapitels erheben keinen Anspruch auf Vollständigkeit, da die Wissenschaft zum Thema der Lernbeeinträchtigungen verschiedene Definitionen, Begrifflichkeiten, Ansätze und Denkweisen heranzieht und je nach Autor unterschiedlich beleuchtet. Diese Ausführungen geben Aspekte wieder, die für das Verständnis der praktischen Fallbeispiele in den Kapiteln 4 bis 7 relevant sind.

Eine umfassende Erläuterung mit Darlegung aller endogenen sowie exogenen Bedingungsfaktoren und verschiedener psychologischer, soziologischer und anthropologischer Erklärungsmodelle gravierender Lernschwierigkeiten ist unter anderem in *Lernschwierigkeiten* von Ulrich Heimlich (2009) nachzulesen.

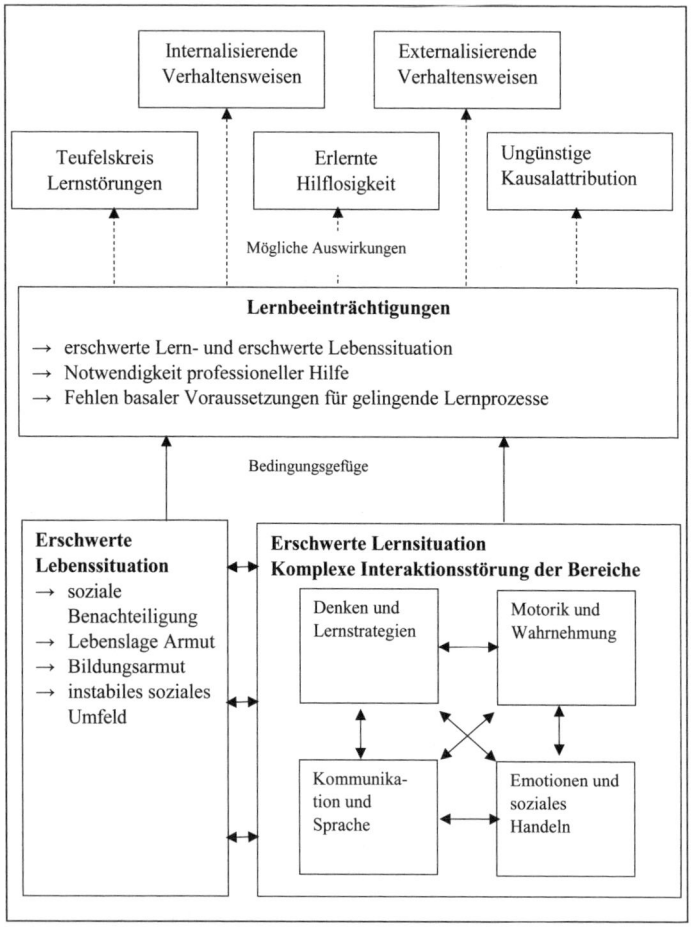

Abb. 1: Lernbeeinträchtigungen (eigene Darstellung)

Für das weitere Verständnis der praxisorientierten Beispiele, um die es in diesem Buch vorrangig geht, möchten wir Lernbeeinträchtigungen, wie in → Abb. 1 dargelegt, verstanden wissen.

📖 Weiterführende Literaturempfehlungen

Einhellinger, Christine (2018): Schülerinnen und Schüler mit Lernbeeinträchtigungen

Heimlich, Ulrich (2009): Lernschwierigkeiten

Marks, Stephan (2015): Scham – die tabuisierte Emotion

2 Lernen gelingt, wenn ...

Aus der Feststellung »Es sind Lernbeeinträchtigungen vorhanden« ergibt sich nun die Fragestellung: Was sind Grundvoraussetzungen, damit Schüler mit Lernbeeinträchtigungen überhaupt erfolgreich lernen können? Hierbei ist sowohl vom Kind auszugehen als auch vom Lehrer.

Lehrseitig ist ein guter Unterricht Voraussetzung. Aus Hatties Metastudie lassen sich wichtige Schlussfolgerungen ziehen, die erfolgreiches Lernen begünstigen. Durch die Spezifika von Schülern mit Lernbeeinträchtigungen bedarf es zudem Unterrichtsmethoden, mit denen auch diese Kinder möglichst viele Lernerfolge erzielen können.

Lernseitig ist es von größter Bedeutung, dass der Schüler Lernen mit Positivem und nicht mit Misserfolg verknüpft und wie man als Lehrer darauf Einfluss nehmen kann.

Wie erfolgreich schulisches Lernen ist, hängt von sehr vielen Faktoren ab. Kaum einer ist jedoch von außen so beeinflussbar wie das Handeln und der Unterricht des Lehrers.

Hier sollen ausgewählte Merkmale guten Unterrichts in Anlehnung an Helmke, Hattie und weitere renommierten Pädagogen betrachtet und unter dem Gesichtspunkt sonderpädagogischer Relevanz beleuchtet werden.

2.1 Effektive Unterrichtsmethoden

Viele Schulpädagogen haben sich mit der Fragestellung »Was ist guter Unterricht?« befasst und dazu Merkmalskataloge mit unterschiedlichen Schwerpunkten erstellt.

Die zehn Kriterien guten Unterrichts hat unter anderem Helmke 2015 festgelegt. In diesem Kapitel werden davon Aspekte herausgestellt, die es bei der Unterrichtung von Schülern mit Lernbeeinträchtigungen besonders zu beachten gilt.

2.1.1 Klassenführung

Klassenführung (Regeln, Rituale und Umgang mit Störungen) und Unterricht hängen nach Helmke eng zusammen: Wird die Klasse effizient geführt, dann ist meist die Qualität des Unterrichts hoch und somit auch der Lernerfolg (vgl. Helmke 2017, 172 ff.). Diesen Zusammenhang belegt unter anderem auch die Hattie-Studie (s. Exkurs Hattie-Studie): Classroom-Management hat einen hohen Einfluss auf Lernen (Effektstärke von 0,53 – Erklärung der Effektstärken s. Exkurs) (vgl. Hattie 2014, 278).

Zur Klassenführung gehört neben dem Zeitmanagement auch das Aufstellen und Einhalten von *Regeln* und Ritualen (vgl. Helmke 2018, 172 ff.). Die Beeinflussung von Schülerverhalten gerade durch Regeln hat einen sehr starken Effekt (Effektstärke von 0,68) auf Lernen im Unterricht (vgl. Hattie 2014, 276).

Bezüglich der Schul- und Klassenregeln ist es für Schüler mit Lernbeeinträchtigungen essentiell, dass nur eine überschaubare Menge an Regeln festgelegt und auf deren konsequente und konsistente Einhaltung geachtet wird. Diese Regeln sollten stets sichtbar im Klassenzimmer aufgehängt sein, so dass zu jeder Zeit auf sie verwiesen werden kann. Sind die Regeln positiv und als gewünschtes Verhalten formuliert, wissen die Schüler zudem, was von ihnen erwartet wird und wie sie sich verhalten sollen.

Ebenso wie Regeln bieten auch *Rituale* Sicherheit. Die Schüler wissen, welches Verhalten von ihnen erwartet wird und was auf sie zukommt. Gleichzeitig wird das Arbeitsgedächtnis entlastet (vgl. Spitzer 2006, 76).

Der dritte Punkt, den Helmke unter Klassenführung zusammenfasst, ist der *Umgang mit Störungen*. Gerade Schüler mit einem Förderbedarf im Förderschwerpunkt emotionale und soziale Entwicklung wirken oft weniger gut angepasst und fallen durch ihr Verhalten schnell auf und »stören«. Die Kunst des Lehrers ist es, diesen Störungen vorzubeugen und sie am besten gleich gar nicht entstehen zu lassen. Durch eine umfängliche Präsenz im Sinne Haim Omers vermittelt der Lehrer Schülern das Gefühl, dass er alles mitbekommt und selbst kleine Störungen nicht übersehen oder toleriert werden (vgl. Omer 2010, 204 ff.).

> 👉 Störungen haben Vorrang.

> **Exkurs: Präsenz nach Haim Omer**
> Wir geben dir nicht nach und wir geben dich nicht auf! Das ist die Kernbotschaft der *neuen Autorität* von Omer. Dabei stehen Erwachsene klar für die Werte und Grenzen gegenüber dem Kind ein, halten dabei aber immer die Beziehung aufrecht.
> Zudem beschränkt sich die Aufgabe der Präsenz nicht auf eine Person (oft den Klassenleiter), sondern verteilt sich auf die Schultern aller, die zur Schule gehören: Kollegen, Schulleitung, Schulsozialarbeiter, ... und natürlich im erweiterten Sinn auch die Eltern (vgl. Omer 2010, 204 ff.). Die positive Entwicklung jedes Schülers wird zur Aufgabe aller Erwachsenen. Es gehört dazu, dass bei einem Konflikt alle verfügbaren Autoritätspersonen hinzutreten und den Klassenlehrer unterstützen. Aus »meinem Schüler« wird dadurch »unser Schüler« und der Klassenleiter extrem entlastet.

Zugleich gilt es, der Reaktion auf unerwünschtes Verhalten nicht zu viel Raum zuzugestehen und diese möglichst zu lösen, ohne den Unterricht unterbrechen zu müssen. Störungen präventiv zu begegnen ist hierbei der Königsweg.

> **Exkurs: Hattie-Studie**
> Hatties viel gelobte Metaanalyse »Visible Learning« von 2009 umfasst die größte Datenbasis zur Unterrichtsforschung. Eine Metaanalyse ist »eine Zusammenführung bestehender Einzelstudien zu einem Problemfeld und eine Klärung der unterschiedlichen Ergebnisse« (Zierer 2016, 21). Dazu wurden über 15 Jahre hinweg 815 Metastudien auf ganze 138 Einflussfaktoren untersucht (vgl. Hattie 2014, 1 ff.). Hattie geht der Frage nach »What works best in Education?« (Hattie 2009, 57).
> Um die Höhe unterschiedlicher Einflüsse auf Lernen festzustellen, hierarchisiert Hattie die Einflussfaktoren wie folgt:
> - Effektstärke ≤ 0 schadet
> - Effektstärke $\leq 0{,}2$ wirkt kaum (natürlicher Zuwachs durch Weiterentwicklung)

- Effektstärke ≤ 0,4 wirkt wenig (natürlicher Zuwachs durch Schulbesuch)
- Effektstärke ≥ 0,4 wirkt gut

Daraus folgt, dass sich alle Einflüsse, die eine Effektstärke größer als 0,4 haben, positiv auf schulisches Lernen auswirken. Auf diese gilt es sich also zu fokussieren. In → Abb. 2 wird eine Auswahl dargestellt:

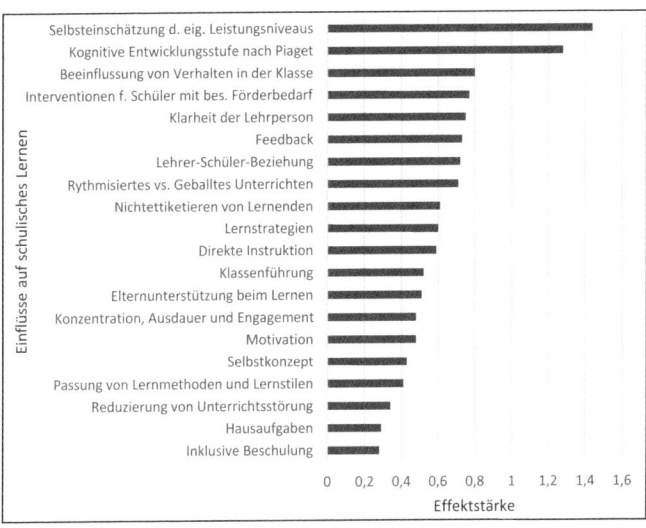

Abb. 2: Ausgewählte Einflüsse auf schulisches Lernen und deren Effektstärke (eigene Darstellung)

Natürlich ist auch Hatties Metaanalyse nicht unkritisch hinzunehmen. So sind die Studien, auf die er sich bezieht, teilweise sehr unterschiedlich hinsichtlich inhaltlicher Qualität, Güte ihrer empirischen Erfassung, ihres Erscheinungszeitraumes, der Untersuchungsgruppe (von Vorschule bis Erwachsenenbildung) und auch der geographischen Region, um nur einige mögliche Kritikpunkte zu nennen (vgl. Steffens/Höfer 2014, 4).

Dennoch spricht allein die Größe der Hattie-Studie für die Zuverlässigkeit der Ergebnisse. So liefert sie zahlreiche Hinweise und Ansatzpunkte für praktische Konsequenzen.

2.1.2 Klarheit und Strukturierung

Bei der Vermittlung von Informationen werden Lernprozesse besonders dann angeregt, wenn diese klar und verständlich sowie strukturiert dargeboten werden (vgl. Helmke 2018, 190 ff.). Dass die *Klarheit der Lehrperson* eine besonders große Auswirkung auf erfolgreiches Lernen hat, wird auch in der Metaanalyse bestätigt (Effektstärke von 0,75, vgl. Hattie 2014, 276).

Neben einer Ziel- und Erwartungsklarheit und einer guten Struktur des Lerngegenstandes sollte der Lehrer insbesondere auf eine klare Lehrersprache achten. Gerade Schüler mit Lernbeeinträchtigungen sind auf Grund der Trias (vgl. Kap. 1) noch mehr auf die sprachliche Verständlichkeit des Lehrers angewiesen. Diese geht nach dem Hamburger Verständlichkeitskonzept von Langer, Schulz von Thun/Tausch von
- Einfachheit (bekannter Wortschatz; kurze, einfache Sätze, …),
- Kürze/Prägnanz (Konzentration auf das Wesentliche),
- Ordnung (übersichtlich, strukturiert, sichtbarer roter Faden, …) und
- zusätzlicher Stimulanz (lebensnahe Beispiele, direktes Ansprechen, …) aus (vgl. Langer et al. 2015, 21).

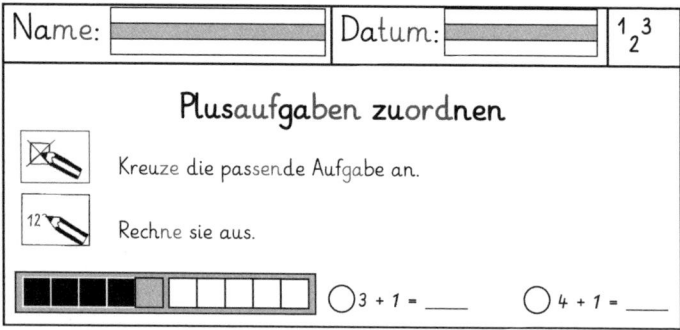

Abb. 3: Beispiel: Aufgabenstellung zu einem AB: »Plusaufgaben zuordnen«

Bei der Erklärung des Arbeitsblattes sollte die Lehrkraft die Schüler direkt ansprechen (»Du kreuzt die passende Aufgabe an.«). Begleitende Gesten unterstreichen die Aufgabenstellung.

2.1.3 Sicherung

Von erfolgreichem Lernen kann nur dann gesprochen werden, wenn *Wissen* durch Anwendung oder Übung auch *gesichert* wurde. Je automatisierter der Lernstoff ist, desto weniger belastet er das Arbeitsgedächtnis und dessen Kapazität.

Auch Simon/Grünke verweisen auf die Notwendigkeit »einer aktiven Beteiligung sowie zum ausgiebigen Üben« (Simon/Grünke 2010, 42). Insbesondere Schüler mit Lernbeeinträchtigungen benötigen hierfür mehr Zeit und Übungsmöglichkeiten als Kinder ohne Förderbedarf.

Ganz nach dem Credo »Üben hilft leider« (Lerche 2012, 145) muss der Schüler hierzu konstant angehalten und »motiviert werden«.

2.1.4 Aktivierung

Unter Aktivierung versteht Helmke auch *Lernstrategien*. Dabei geht es sowohl um die Auswahl einer geeigneten Strategie als auch um deren kompetente Anwendung (vgl. Helmke 2018, 205 f.).

Der Einsatz solcher Strategien unterstützt das Lernen positiv: Effektstärke von 0,62 in der Hattie-Studie (vgl. Hattie 2014, 277).

Im Sinne des lebenslangen Lernens benötigen Grundschulkinder die Kompetenz, für das eigene Lernen Verantwortung zu tragen, Lerngegenstände eigenständig zu durchdringen und sich dabei selbst Ziele zu setzen.

Dies fällt Schülern mit Lernbeeinträchtigungen jedoch besonders schwer, da sie Lernstrategien von zu Hause oft nicht mitbekommen haben (vgl. Kap. 4.1). Umso bedeutsamer ist es, das sogenannte »Lernen lernen« in der Schule mit den Schülern ausgiebig zu trainieren und sie dabei zu begleiten (vgl. Sekretariat der Ständigen Konferenz der Kultusminister der Länder in der Bundesrepublik Deutschland 2015, 8).

Selbst kleinste Strategien (z. B. Wie kann ich Lernwörter üben?) müssen mit diesen Kindern intensiv besprochen und auch eingeübt werden. Ein besonders kleinschrittiges und reduziertes Vorgehen ist dabei unumgänglich.

Auch eine lernförderliche Rückmeldung *(= Feedback)* fasst Helmke unter Aktivierung. Das Feedback kann sich sowohl auf Lernen als auch Verhalten beziehen und soll den Ist-Stand als auch den gewünschten Soll-Stand sachlich beschreiben.

Beispiel: Du hast mit den Stiften deines Nachbarn gespielt und beim Kopfrechnen 8 von 30 Aufgaben geschafft. Morgen behältst du deine Hände bei dir und schaffst 15 Aufgaben.

Eine Rückmeldung ist besonders dann wirksam, wenn sie zeitnah und auf konkrete Lernprozesse bezogen, also immer wieder während der Unterrichtsstunde eingesetzt wird (vgl. Helmke 2017, 205 ff.). Die direkte Auswirkung von Feedback bestätigt auch Hattie mit der Effektstärke 0,75 (vgl. Hattie 2014, 277).

Für Schüler mit Lernbeeinträchtigungen ist es oft eine große Herausforderung, sich realistisch einzuschätzen. Durch die Unterstützung der Lehrperson erfahren die Kinder immer wieder, wie ihr Verhalten auf andere wirkt und ob sie die erwünschten Erwartungen erreicht haben oder noch üben müssen. Zudem wird ihnen deutlich, dass sie selbst verantwortlich sind für ihr eigenes Verhalten.

Es versteht sich von selbst, dass diese Schüler eine für sie angepasste Erwartungsskala (sei es Lernen oder Verhalten) haben müssen (vgl. Beispiel oben: Realistisch sind für diesen Schüler nur 15 von 30 Aufgaben.).

2.1.5 Motivierung

Eine Selbstverständlichkeit ist, dass sich bei allen Schülern *Lernmotivation* positiv auf die Schulleistung auswirkt. Als »Merkmal mit deutlichen Effekten« (Hattie 2014, 276) kategorisiert auch Hattie die Motivation. Allerdings kann man sie nicht isoliert betrachten.

Das Selbstbild, die (wahrgenommene) Schwierigkeit der Aufgabe sowie erlebte (und erwartete) Erfolge und Misserfolge wirken sich auf die Motivation und das zukünftige Handeln aus (vgl. Schröder 2005, 156).

Besonders die Art der Ursache, der ein Schüler Erfolg und Misserfolg zuschreibt, ist im Kontext von Lernbeeinträchtigungen genauer zu beachten. Bei der sogenannten Kausalattribution wird zwischen inneren (internal) und äußeren (external), sowie zeitlich stabilen und variablen Ursachenfaktoren unterschieden. In der dritten Ebene geht es nun um den Einfluss, den man auf das Ergebnis nehmen kann.

	internal	external
stabil	eigene Fähigkeiten, Begabung	Schwierigkeit der Aufgabe
variabel	Anstrengung	Zufall (Glück oder Pech)

Abb. 4: Kausalattribution (Schröder 2005, 156)

Schüler mit einer günstigen Kausalattribution schreiben Erfolg ihrer Fähigkeit oder ihrer Anstrengung zu (internal). Bei Misserfolg werden sie die Ursache als mangelnde Anstrengung oder Pech wahrnehmen (variabel).

Haben Schüler jedoch für ihr Selbstgefühl und ihre weitere Motivation eine ungünstige Attribuierung, dann nehmen sie Erfolg als Glück oder geringe Anforderung (external) wahr. Misserfolge jedoch liegen am Mangel ihrer Fähigkeiten oder an den immer zu schweren Aufgaben (stabil) (vgl. Schröder 2005, 155f.). Bei einer Misserfolgsorientierung bekommen die Schüler bei kritischen Anforderungen mit der Zeit das Gefühl von Hilflosigkeit und Kontrollverlust. Dies wiederum wirkt sich auch negativ auf ihr Selbstbild aus (vgl. Faber 2007, 14).

Eine negative Kausalattribution wird oft Schülern mit Lernbeeinträchtigungen zugeschrieben (vgl. Schröder 2005, 156).

Dies ist umso dramatischer, als Hatties Studie der Selbsteinschätzung des eigenen Leistungsniveaus die höchste Effektstärke (1,44!) aller Einflussfaktoren beimisst. Soweit es dem Lehrer möglich ist, muss er also unbedingt den Schüler auf dem Weg hin zu einer positiven Kausalattribution begleiten und unterstützen.

2.1.6 Lernförderliches Klima

Bei der Evaluation schulischer und unterrichtlicher Prozesse beschreibt das Staatsinstitut für Schulqualität und Bildungsforschung München *lernförderliche Atmosphäre* wie folgt:

»Eine positive Grundeinstellung gegenüber Lernen und Leisten sowie ein vertrauensvolles Klima zwischen Lehrkräften und Schülern und zwischen den Schülern sind Grundlagen für Lernbereitschaft und Lernvermögen« (Staatsinstitut für Schulqualität und Bildungsforschung München 2018).

Für Schüler mit Lernbeeinträchtigungen ist eine motivierte und interessierte Auseinandersetzung mit neuen Lerninhalten nicht immer selbstverständlich. Um ihnen dennoch Freude am Lernen zu verschaffen, ist es essentiell, dass auch sie Erfolge erleben. Dies setzt voraus, dass der Schüler leistungsmäßig nicht mit der Klasse, sondern mit seinen eigenen Leistungen verglichen wird (individuelle statt soziale Bezugsnorm). Ein konstruktiver Umgang mit Fehlern sowie ggf. der Abbau hemmender Leistungsangst sind dringliche Aufgaben der Lehrkraft. Auch hier ist wieder die Haltung des Lehrers zum Schüler ausschlaggebend.

Da Schüler mit Lernbeeinträchtigungen auch im sozialen Miteinander oft Schwierigkeiten haben, sollte der Lehrer vermittelnd helfen und unterstützen. Kontakte zwischen den Schülern können angebahnt und begleitet, gemeinsame Lernsituationen geschaffen werden. In einer entspannten Lernatmosphäre lernt es sich für alle leichter.

2.1.7 Schülerorientierung

Aus der eigenen Schulzeit erinnert man sich noch gut an Lehrer, für die man fast alles getan hätte (weil man sie mochte) und bei denen man auch viel gelernt hat. Ebenso kennt man das Pendant dazu: Lehrer, von denen man nichts annehmen wollte/konnte, weil man sie einfach nicht mochte.

Lernen wird von der Lehrer-Schüler-Beziehung in sehr hohem Maße beeinflusst, dies bestätigt auch Hattie (Effektstärke von 0,72, vgl. Hattie 2014, 276).

Folglich geht bei der Schülerorientierung der Schwerpunkt über die Vermittlung von Wissen oder die Unterrichtsbeteiligung hinaus: Die Schüler sollen spüren, dass sie als Person *wertgeschätzt* und ernst genommen werden. Sie sollen ihren Lehrer als interessiert, fürsorglich und fair wahrnehmen (vgl. Maras/Ametsbichler 2012, 12 ff.).

Hier knüpft auch Haim Omers Modell der Neuen Autorität an (s. Exkurs Präsenz nach Haim Omer). Als wichtigste Ressource für den Umgang mit Kindern und Jugendlichen mit Schwierigkeiten sieht er eine konstruktive Beziehungsgestaltung. Diese gelingt nur durch eine wertschätzende Grundhaltung gegenüber jeder einzelnen Person. Es geht folglich um die Haltung des Lehrers gegenüber den ihm anvertrauten Schülern (vgl. Omer 2010, 28 ff.).

2.1.8 Kompetenzorientierung

Selbstverständlich hat die Schule neben ihrem Erziehungs- auch einen *Bildungsauftrag*. Deshalb dürfen gerade Schüler mit Lernbeeinträchtigungen nicht ins Hintertreffen geraten. Aussagen wie »Das braucht er/sie nicht zu lernen« oder »Das kann er/sie sowieso nicht« nimmt diesen Schülern die Chance, es vielleicht doch zu verstehen oder auch Einblicke in eine bis dahin verschlossene Welt zu erhalten. Auch wenn es diesen Schülern oft schwerer fällt etwas zu lernen, müssen und dürfen sie nicht durch Absitzen der Schulzeit zusätzlich geschwächt werden.

> Auch Schüler mit Lernbeeinträchtigungen wollen und müssen lernen sowie Leistungen erbringen!

2.1.9 Passung

Die Forderung nach Inklusion stellt gerade Grundschullehrer vor eine teilweise kaum zu bewältigende Herausforderung. Die Bandbreite zwischen leistungsstarken Schülern, deren elterliches Ziel die weiterführende Schule darstellt, bis hin zu Schülern, die wenig Unterstützung von zu Hause erfahren und auch nur geringe Lernfortschritte machen, wäre auch ohne Schüler mit Lernbeeinträchtigungen bereits groß genug.

In dieser Heterogenität stellt sich nun die Frage, wie mit den interindividuellen Unterschieden der Lernvoraussetzungen sinnvoll umgegangen werden kann. Helmke nennt einige Gelingensbedingungen:

- Einstellungswandel: Der Lehrer sollte eine positive Einstellung gegenüber Heterogenität besitzen und bezüglich seines Menschenbildes, Lernverständnisses und der eigenen Rolle umdenken.
- Diagnostische Kompetenz: Voraussetzung, um individualisiertes Lernen in der Klasse anbieten zu können.
- Didaktische Expertise: Der Lehrer brauchen über das Fachwissen hinaus vielfältiges didaktisches Wissen, z. B. welche Methode sich

bei unterschiedlichen Inhalten anbietet oder für welche Schülergruppen offene und direkte Formen der Instruktion förderlich sind.
- Geeignetes Lehrmaterial: Sehr viele Lehrmaterialien sollten ihre Inhalte genauer an aktuellen Forschungsergebnissen ausrichten sowie den Lehrern die Aufgaben in mehrfacher Differenzierung bereitstellen.
- Einbezug außerschulischer Faktoren: Lehrer dürfen mit der Bewältigung von Heterogenität nicht allein gelassen werden: Eine enge Kooperation mit Kollegen, Schulleitung, Schulsozialarbeit und ggf. Jugendamt, Klinik oder Nachmittagsbetreuung muss unterstützen.
- Ressourcen: Gelingende Inklusion können nicht die Lehrer allein tragen. Sie sind auf personelle (z. B. mehr Differenzierungsstunden, Zweitlehrkraft, Schulbegleitung), materielle (z. B. geeignete Klassenräume, Lehrwerke) und zeitliche Entlastung (wegen des höheren Arbeitsaufwands) angewiesen. Die Regierung sollte sich bewusst sein, dass all diese Punkte Geld kosten (vgl. Helmke 2017, 257 ff.).

2.1.10 Angebotsvariation

Auch wenn, wie von Meyer gefordert, die Methodenvielfalt (vgl. Meyer 2003, 37 ff.) stillschweigend von vielen Pädagogen abgenickt wird, so ist aus sonderpädagogischer Sicht davor zu warnen: Schüler mit Lernbeeinträchtigungen sind mit immer wieder neuen Methoden (gerade mit offenen) sehr schnell überfordert und können sich nicht mehr auf die Inhalte konzentrieren. Mit Rücksichtnahme auf einen geringen freien Arbeitsspeicher (s. Exkurs Arbeitsgedächtnis/Gedächtnis Kap. 4.1) hilft es diesen Schülern, wenn die angewandte Methode simpel und eingeschliffen ist, so dass deren Anwendung die Lernenden nicht zusätzlich belastet (s. Kap. 2.1.1).

Helmke fasst unter Angebotsvariation neben den Methoden auch Aspekte der *Rhythmisierung* (Abwechslung von Lern- und Entspannungsphasen, Lernorte, Typen von Aufgaben, …), was für Schüler mit Lernbeeinträchtigungen im Sinne einer Entlastung unbedingt notwendig ist (vgl. Helmke 2018, 263 ff.).

Neben der Berücksichtigung des Biorhythmus, der für die Organisation der Tagesstruktur eine erhebliche Rolle spielt, ist auch die

Aufrechterhaltung von Aufmerksamkeits- und Konzentrationsfähigkeit von großer Bedeutung (s. Exkurs in Kap. 4.4.1).

Bei Schülern mit Lernbeeinträchtigungen ist davon auszugehen, dass sie nicht länger als 20 Minuten konzentriert lernen können. Folglich weisen kurze Einheiten von maximal 20 Minuten, umrahmt von Rhythmisierungselementen, auf eine geeignete und effektive Stundenstruktur hin.

Nun wurde ausgiebig beleuchtet, welche Unterrichtsmethoden gemeinhin als effektiv gelten. Doch wie sieht es mit der Sonderpädagogik im Speziellen aus?

2.2 Effektive Fördermethoden aus sonderpädagogischer Sicht und deren Konsequenzen für den Unterricht

Was Hattie durch seine Studie für den durchschnittlichen Lerner aufzeigt, hat Matthias Grünke für Schüler mit Lernbeeinträchtigungen erstellt: einen Vergleich von 26 Metaanalysen. Er geht der Frage nach »Welche Effektivität haben Fördermethoden bei Kindern und Jugendlichen mit Lernbeeinträchtigungen?«

Grünke kommt zu dem Ergebnis, dass Methoden am effektivsten sind, die
1. lehrkraftgesteuert und gut strukturiert sind.
2. Inhalte oder Strategien explizit, redundanzreich und schrittweise vermitteln.
3. Schüler ständig zu einer aktiven Beteiligung sowie zum ausgiebigen Üben auffordern.
4. Schülern für alle Leistungen und Antworten eine sofortige und konkrete Rückmeldung geben (Grünke 2007, 9).

Diese Merkmale lassen sich am besten bei direkter Instruktion, Strategieinstruktion, Selbstinstruktionstraining, tutoriellem Lernen und computergestützter Förderung umsetzen.

Dieses Ergebnis überrascht nicht, da sich Schüler mit Lernbeeinträchtigungen unter anderem dadurch auszeichnen, dass sie sich relativ schlecht Strukturen schaffen, planen, ordnen oder strategisch vorgehen können (ebd.).

Folgerichtig haben diese Kinder große Schwierigkeiten in verhältnismäßig offenen und freien Lernsituationen. Kaum Verbesserung bewirken demnach indirekte Ansätze (z. B. Förderung der Psychomotorik, Wahrnehmung) oder völlig freie, kindzentrierte, entdeckende, konstruktivistische Methoden. Natürlich dürfen auch diese Leitlinien nicht unreflektiert und stoisch angewandt werden. So schlagen Simon/Grünke vor, dass direkte Methoden durch gelenktes Entdeckenlassen ergänzt werden. Dabei sollen die Schüler begleitet und direkt zur Lösung geführt werden. Diese Methode ist dann gut einsetzbar, wenn falsche Lösungen auf dem Weg vermieden werden können (denn diese würden sich ja ebenso einprägen).

Bei der direkten Methode geht es immer um das Erlernen neuer Inhalte und nicht um deren Verfestigung. Folglich sollte sie bewusst und sinnvoll dosiert zum Einsatz kommen. Eine direkte Instruktion sollte nicht länger als 15 Minuten dauern (s. Angebotsvielfalt in Kap. 2.1.10). Im Anschluss ist eine Rhythmisierung sinnvoll.

Wenn ein Inhalt direkt vermittelt wurde, sollte er durch offene Methoden verfestigt und in einen lebenspraktischen Problemkontext gestellt werden, denn Ziel ist eine flexible Anwendung der neu erworbenen Fertigkeit. Um das zu erlangen, muss die Kompetenz erst automatisiert, dann jedoch auf neue Aufgabenstellungen angewandt werden. So wird gewährleistet, dass der Schüler sein Wissen auch selbstständig anwendet (vgl. Simon/Grünke 2010, 43 ff.).

Was der Lehrer zu einem idealtypischen Lernverlauf für Schüler mit Lernbeeinträchtigungen beitragen kann, wurde aufgezeigt. Doch was sind Voraussetzungen des Schülers?

2.3 Basale Voraussetzungen des Schülers

Jeder wird die Erfahrung haben, dass Schüler gerade diejenigen Bereiche, in denen sie Schwächen haben, scheuen und zu meiden versuchen. Diese lösen negative Gefühle aus und blockieren den weiteren Lernprozess.

Um diesen Teufelskreis Lernstörungen (vgl. Kap. 1.2) zu durchbrechen, ist es essentiell, dass der Lerngegenstand wieder positiv bewertet wird. Es bedarf also einer emotionalen Umbewertung (vgl. Born/Oehler 2009, 52 ff.).

Damit dies gelingt, ist nach Born/Oehler das Erlebbarmachen kurzfristiger Erfolge wichtig. Dazu braucht es Aufgaben, die das Kind ohne große Anstrengung schafft. Sie »erhöhen die Lernbereitschaft, die Selbsteinschätzung, das Selbstwertgefühl sowie schließlich die Erfolgszuversicht« (ebd., 54). Hier sei erneut auf die sagenhafte Effektstärke (1,4) der Selbstwirksamkeitsüberzeugung bezüglich des Lernens verwiesen (vgl. Hattie 2014, 276). Wichtig ist hierbei, dass der Erfolg schnell und zeitnah sichtbar wird.

Zudem ist es wesentlich, realisierbare Lernschritte für den Schüler festzulegen und auch einzufordern. Gegebenenfalls müssen dazu auch die Anforderungen heruntergeschraubt und individuell auf den Schüler abgestimmt werden.

Dennoch sollen höhere Ziele nicht aus dem Blick verloren werden. Sie stellen weiterhin das langfristige Ziel dar.

2.4 Zusammenfassung

- Lernen gelingt, wenn der Lehrer ein lernförderliches Klima herstellt und seine Klasse klar und strukturiert führt.
- Seine Haltung gegenüber den Schülern ist mit ausschlaggebend für deren Lernmotivation.
- Zudem ist es auch an ihm, seinen Unterricht an die Bedürfnisse seiner Schüler anzupassen. Von einem strukturierten Aufbau der Lerneinheiten im Sinne Grünkes profitieren gerade leistungsschwache Schüler. Dabei sind Passung der Inhalte sowie ein Neuzuwachs an Wissen und Sicherung essentielle Bestandteile.
- Damit ein Schüler bereit ist, sich auch unangenehmen Lernsituationen wieder zu stellen, ist eine emotionale Umbewertung sowie die Durchbrechung des Teufelskreises Lernstörungen notwendig.

 Weiterführende Literaturempfehlungen

Omer, Haim (2010): Stärke statt Macht – Neue Autorität in Familie, Schule und Gemeinde
Grünke, Matthias (2006): Zur Effektivität von Fördermethoden bei Kindern und Jugendlichen mit Lernstörungen
Grünke, M./Castello, A. (2004): Attributionstraining. In Lauth: Interventionen bei Lernstörungen

3 Sara, Niko, Jonas … und ihr Problem mit der Schule

In den Kapiteln 4 bis 7 werden Sie verschiedene Kinder, die Teil des inklusiven Unterrichts sind, kennenlernen. Gemeinsam ist ihnen, dass sie das Etikett der Lernbeeinträchtigungen tragen. Ihre Lebenswelten könnten hingegen nicht unterschiedlicher sein. Ziel dieses Kapitels ist eine kurze Beschreibung dieser Schüler, um die große Bandbreite von Kindern mit Lernbeeinträchtigungen aufzuzeigen.

Sara fällt seit den ersten Schultagen durch ihr Arbeitsverhalten auf. Ihr Äußeres wirkt oft ungepflegt, sie trägt keine witterungsgemäße Kleidung. Verpflegung für die Pausen hat sie nur selten dabei. Sara hat viele Fehltage, teilweise fehlt sie unentschuldigt. Elterngespräche mit der Mutter finden kaum statt, die Mutter erscheint meist nicht. Vereinbarungen, die mit der Mutter zu Saras Unterstützung getroffen werden, hält diese nicht ein. Saras Mutter besuchte selbst eine Förderschule und würde einen Wechsel ihrer Tochter dorthin begrüßen. Sara hat einen durchschnittlichen Intelligenzquotienten. Sie lebt bei ihrer leiblichen Mutter und deren wechselnden Lebensgefährten. Sie hat noch drei Geschwister, die ähnliche Auffälligkeiten zeigen.

Abb. 5: Sara (Zeichnung Marion Olschimke-Brandl)

Niko ist das jüngste von drei Kindern. Er kam in der 28. Schwangerschaftswoche zur Welt. Nikos Mutter ist sehr engagiert, wenn es um Nikos Förderung geht. Neben Frühförderung, Logopädie und Ergotherapie besucht sie verschiedene Spielgruppen mit Niko. Ihr Sohn hat einen niedrigen Intelligenzquotienten, was von der Mutter gut akzeptiert ist. Der Vater hält sich aus der schulischen Zusammenarbeit heraus, unternimmt aber in der Freizeit viel mit Niko. Niko hat ein sehr gepflegtes Äußeres. Er ist sehr höflich und gut integriert in die Klasse. Mit einigen Mitschülern pflegt er intensive Freundschaften außerhalb der Schule.

Abb. 6: Niko (Zeichnung Marion Olschimke-Brandl)

Daria ist eine ruhige und zurückhaltende Schülerin. Sie besuchte drei Jahre lang eine schulvorbereitende Einrichtung und geht jetzt in die Grundschule. Die Schülerin fällt durch ihre zarte und sehr schlanke Erscheinung auf. Sie ist stets hübsch und ordentlich gekleidet. Daria würde gern mit anderen Kindern spielen, jedoch gelingt das nur mit ausgewählten. Sie kann sich aber auch allein beschäftigen. Ihren Eltern ist bewusst, dass Daria langsamer lernt und für alles länger braucht. Sie unterstützen sie bei den Hausaufgaben und achten sehr darauf, dass Daria ihre Schulmaterialien zuverlässig mitbringt. Leistungsdruck wird von zu Hause nicht ausgeübt. Daria hat eine kleine Schwester, mit der sie gern spielt. Die Familie geht liebevoll miteinander um.

Abb. 7: Daria (Zeichnung Marion Olschimke-Brandl)

Lillys Eltern haben beide ein Förderzentrum besucht. Sie leben getrennt, zum Vater besteht kein Kontakt. Obwohl sie sich bemüht, fällt es der Mutter sehr schwer, Regeln aufzustellen und diese auch einzufordern. Sie ist berufstätig und hat am Abend kaum noch Kraft, sich um ihre beiden Kinder zu kümmern. Die Kinder verbünden sich zumeist gegen sie. Hinzu kommt, dass Lilly charakterstark und eigensinnig ist. Sie beschließt selbst, was sie anzieht, wann sie ins Bett geht und mit was sie ihre Zeit verbringt. Die Mutter steht diesem Verhalten machtlos gegenüber. Um Konflikten mit ihrer Tochter aus dem Weg zu gehen, fordert sie schlicht nichts. Auf die Frage nach der Beziehung zu ihrer Tochter sagt sie nur: »Mit Lilly ist es halt schwierig …«

Abb. 8: Lilly (Zeichnung Marion Olschimke-Brandl)

Auf schulische Belange (z. B. Hausaufgaben, Schulranzen packen, …) übt die Mutter keinerlei Einfluss aus. Die Verhaltensschwierigkeiten, die bei ihrer Tochter in der Schule auftreten, nimmt die Mutter wahr, hat jedoch die gleichen Probleme zu Hause. Dass Lilly sehr lernschwach ist, nimmt die Mutter als gegeben hin, sie kann ihrer Tochter hierbei nicht weiterhelfen.

Das Jugendamt unterstützt die Familie durch einen Erziehungsbeistand, der die Mutter berät und zweimal die Woche hilft.

Jonas ist das jüngste von vier Geschwistern. Jonas' Mutter ist zu Hause und betreut die Kinder, der Vater ist im Schichtdienst tätig und nur wenig präsent. Zu Elterngesprächen erscheint die Mutter immer und wirkt dabei sehr hilfesuchend, sie hält die Maßnahmen der Schule aber häufig für zu hart. Zu Hause ist sie nicht in der Lage, Besprochenes umzusetzen oder für Jonas Regeln aufzustellen. Die Mutter berichtet, dass Jonas, wenn er mit etwas nicht einverstanden ist, sie beißen, zwicken oder nach ihr schlagen würde. Jonas ist seiner Mutter zudem kognitiv überlegen und entscheidet selbst, was er wann und ob er überhaupt etwas tut. Jonas hat einen durchschnittlichen Intelligenzquotienten. Von seiner Mutter wird er sehr überbehütet, sie entschuldigt ihn regelmäßig, da das Aufstehen und die Schule so anstrengend seien, dementsprechend hat Jonas viele Fehltage. Initiativen der Jugendsozialarbeit an Schulen, Jonas in ortsansässigen Sportvereinen zu integrieren, blockt die Familie ab, da die anderen Kinder so grob zu ihm seien. Die Mutter drückt sich sehr einfach aus, spricht stark dialektgefärbt und schafft es nicht immer, die Lehrkraft zu siezen. Jonas' sprachliche Schwierigkeiten fallen ihr nicht auf.

Abb. 9: Jonas (Zeichnung Marion Olschimke-Brandl)

Felix besucht auf Wunsch der Eltern die erste Klasse der Grundschule. Er war ab dem Alter von drei Jahren in Frühförderung, unter anderem in Logopädie und Ergotherapie. Felix interessiert sich außerordentlich für sachkundliche Themen und wird von seinen Eltern diesbezüglich besonders unterstützt und gefördert. Beide Eltern sind Akademiker und sehr an ihrem einzigen Sohn interessiert. Ratschlägen und Hinweisen zu weiterer Dia-

Abb. 10: Felix (Zeichnung Marion Olschimke-Brandl)

gnostik gegenüber verhalten sie sich sehr ablehnend. Fördermöglichkeiten für zuhause setzen die Eltern kaum um und stellen immer wieder die Kompetenz der Lehrkraft in Frage. Felix verfügt über einen niedrigen IQ, der im Bereich der Lernbeeinträchtigungen angesiedelt ist. Die Eltern haben große Schwierigkeiten mit der Akzeptanz der Probleme ihres Sohnes.

Sara, Niko, Daria, Lilly, Jonas und Felix haben auf den ersten Blick wenig gemeinsam. Auf den zweiten Blick fällt auf, dass sie alle eine erschwerte Lern- und/oder Lebenssituation haben, mit hoher Wahrscheinlichkeit Schwierigkeiten im inklusiven Unterricht zeigen und somit zusätzliche Förderung und Unterstützung benötigen.

Exkurs: Intelligenzquotient (IQ) und Vorwissen

Häufig fällt bei Schülern mit Lernbeeinträchtigungen die Äußerung »Er/Sie kann das nicht können, sein/ihr Intelligenzquotient ist ja sehr niedrig«. Die klassische Definition von Lernbehinderung geht davon aus, dass der IQ des betroffenen Schülers zwischen 70 und 85 liegt, also mindestens eine Standardabweichung unter dem Durchschnitt der Bevölkerung, welcher 100 ist (vgl. Heimlich 2009, 20). Dem gegenüber steht das Wissen, dass nicht die Intelligenz, sondern das Vorwissen der mächtigste Prädiktor für erfolgreiches schulisches Lernen ist. Forscher wie Elsbeth Stern, Franz Weinert und Andreas Helmke (Autoren der SCHOLASTIK Längsschnittstudie), kommen immer wieder zu diesem Schluss. So kann gutes Vorwissen einen unterdurchschnittlichen IQ wettmachen. Stern fasst dies in der Aussage »Wissen ist der Schlüssel zum Können« zusammen (2003). Schüler mit überdurchschnittlicher Intelligenz können fehlendes Vorwissen aber keineswegs ausgleichen (vgl. Heimlich et al. 2005, 9). Das bedeutet, »ein Kind, das mit guter Intelligenz, aber geringem Vorwissen die Schule besucht, wird mit hoher Wahrscheinlichkeit erhebliche Schwierigkeiten bekommen« (Einhellinger 2018, 77). Da insbesondere im Primarbereich das Vorwissen sehr von der familiären Sozialisation bzw. der Bildungsnähe oder eher -ferne abhängt (*erschwerte Lebenssituation*, vgl. Werning/Lütje-Klose 2006, 55), ist auf die Kompensation des Vorwissens im Unterricht, im Rahmen von Förderkonzepten der Vorläuferfähigkeiten von Schulleistungen, zu achten.

4 Denken und Lernstrategien

4.1 Definition

Ausgangspunkt dieser Definition bildet die Verständnisgrundlage, dass die Basis eines gelingenden schulischen Kompetenzerwerbs die erfolgreiche Interaktion aller vier Entwicklungsbereiche ist (vgl. Kap. 1). Der erste und grundlegendste der Entwicklungsbereiche für Schüler mit Lernbeeinträchtigungen umfasst die Komponenten *Denken* und *Lernstrategien*. Doch was ist darunter im schulischen Kontext zu verstehen?

Denken ist die menschliche Fähigkeit des Erkennens und Urteilens, oder anders gesagt das Arbeiten mit dem Verstand (Duden 2015, 408). Aus pädagogischer Sicht lässt sich Denken nach Schaub/Zenke als »gedankliches Erfassen, Ordnen, Verstehen oder Gestalten der Wirklichkeit« (2002, 134) definieren, wobei das Denken als Vorgang an sich zur Selbstreflexion befähigt und eine geistige Repräsentation der Wirklichkeit ist (vgl. ebd.). Der Rahmenlehrplan für den Förderschwerpunkt Lernen unterteilt Denken für das schulische Lernen in grundlegende Denkprozesse, Gedächtnis und Erinnerung sowie problemlösend-abstrahierendes Denken (vgl. Bayerisches Staatsministerium für Unterricht und Kultus 2012, 29).

> *Denken* ist die Arbeit mit dem Verstand *und* befähigt zur Selbstreflexion.

Exkurs: Arbeitsgedächtnis/Gedächtnis

Ein bekanntes Modell, um Lernen zu erklären, ist das Drei-Speicher-Modell von Richard Atkinson und Richard Shiffrin (vgl. Bruhn 2015, 2 ff.). Es geht davon aus, dass alle Wahrnehmungen vom Ultrakurzzeitgedächtnis (= sensorischer Speicher) aufgenommen werden. Es hat zwar eine enorme Kapazität, jedoch nur eine sehr kurze Haltbarkeit (visuelle Haltbarkeit → 0,5 Sekunden, auditive Aufmerksamkeit → 2 Sekunden).

Erst wenn wir uns einem Reiz zuwenden, gelangt er in unser Kurzzeitgedächtnis (= Arbeitsspeicher). Dies steuert unsere selektive Aufmerksamkeit – der unbewusste Reiz verwandelt sich in einen bewussten Reiz. Die Aufnahmefähigkeit des Kurzzeitgedächtnisses liegt bei 7 ± 2 und ist altersabhängig (vgl. Miller 1956, 81ff.). Die Kapazität ist stark abhängig von der Aufmerksamkeit.

Werden die zu lernenden Inhalte intensiv wiederholt und vertieft (elaboriert), gelangt der Reiz ins Langzeitgedächtnis, das eine unbegrenzte Kapazität und Haltbarkeit hat. Je strukturierter und besser das neue Wissen mit vorhandenen Inhalten verknüpft wird, desto leichter fällt die Abspeicherung und das spätere Abrufen.

Schüler mit Lernbeeinträchtigungen können hingegen weniger Informationen simultan verarbeiten und haben eine geringere Kapazität des Arbeitsgedächtnisses. Verantwortlich dafür sind Besonderheiten in kognitiven Verarbeitungsprozessen, wie die reduzierte Verarbeitungsgeschwindigkeit sprachlicher Äußerungen und subvokale Rehearsalprozesse (Aufrechterhaltung von Informationen im Arbeitsspeicher), die nur eingeschränkt stattfinden (vgl. Büttner/ Hasselhorn 2007, 282).

Als *Strategie* wird ein genauer Plan des eigenen Vorgehens zur Erreichung eines Ziels verstanden, wobei man versucht, alle möglichen Faktoren vorher einzukalkulieren (Duden 2015, 1707). *Lernstrategien* sind als »übergeordnete, in verschiedenen Lernsituationen anwendbare Handlungspläne (…), die sich aus einzelnen Handlungssequenzen zusammensetzen und abrufbar sind« (Tenorth/Tippelt 2007, 455) zu verstehen. Der bayerische Rahmenlehrplan erweitert um die Teilkomponente der Stützfaktoren des Lernens, die für diese Lernstrategien und generell für Lernprozesse von Relevanz sind. Stützfaktoren umfassen Aspekte wie Motivation (vgl. Kap. 2), Fähigkeitsselbstkonzept (vgl. Kap. 2), Frustrationstoleranz, Selbstständigkeit, Kooperationsfähigkeit, Lernstil, Sorgfalt, Zeitmanagement, Arbeitsplatzgestaltung und Rhythmisierung (vgl. Bayerisches Staatsministerium für Unterricht und Kultus 2012, 29). Zudem gilt es, die Definition von Lernen nach Spitzer heranzuziehen, dass es sich beim

Lernen um einen aktiven Vorgang handelt, der zu Veränderungen im Gehirn des Lernenden führt (vgl. 2014, 4), der aus den Lernstrategien einen aktiven Vorgang macht.

> *Lernstrategien* sind abruf- und anwendbare Handlungspläne, die inneren aktiven Vorgängen unterliegen.

Geht man von diesen Definitionen für *Denken* und *Lernstrategien* aus, zeigen Schüler mit Lernbeeinträchtigungen Probleme in den Bereichen der Planung, Strategieanwendung, Abstraktion, Zielsetzung und Selbstreflexion (vgl. ebd.). Diese Kinder arbeiten weniger systematisch und planvoll, setzen sich nicht bewusst Ziele und überprüfen weder ihre Ziele noch Lösungswege kritisch (vgl. Wember 2007, 165), es mangelt ihnen an Planungskompetenz (vgl. Werning/Lütje-Klose 2006, 55). Schröder spricht im Bereich der Kognition und Metakognition von einer »Negativliste« (2005, 147), die Kinder mit Lernbeeinträchtigungen mitbringen. Zudem zeigen sie Probleme im Lernen lernen, der Steuerung und Reflexion der Lernprozesse und dem Einsatz von Lernstrategien (vgl. Heimlich 2009, 41), wobei dieses »learning to learn« (Schröder 2005, 145) häufig mit einem geringen Vorwissen korreliert, sodass hier grundsätzlich auf die Wichtigkeit des Vorwissens und der Vorerfahrungen zu verweisen ist. Vorwissen oder fehlendes Vorwissen beeinflusst einen Lernprozess entweder positiv oder negativ und hängt mit der familiären Sozialisation zusammen – vergleiche hierzu Kapitel 1 (vgl. auch Werning/Lütje-Klose 2006, 55). Schüler mit Lernbeeinträchtigungen setzen Lernstrategien demnach nicht spontan und selbstständig ein, sondern erst nach Aufforderung. Sie zeigen zudem wenig Eigentätigkeit in der Entwicklung eigener Strategien, was im Zusammenhang mit ihrer häufig fehlenden Metakognition zu sehen ist (Einhellinger 2018, 111).

Kurzum: Schüler mit Lernbeeinträchtigungen haben in fast allen Bereichen, die über eine reine Reproduktion hinausgehen und die für die komplexe Handlung des erfolgreichen Lernens relevant sind, Schwierigkeiten.

> Schüler mit Lernbeeinträchtigungen bringen häufig eine
> »Negativliste« (Schröder 2005, 147) in fast allen Bereichen
> des *Denkens* und der *Lernstrategien* mit.

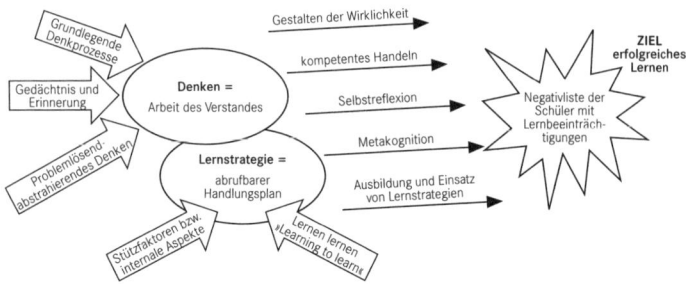

Abb. 11: Denken und Lernstrategien (eigene Darstellung)

4.2 Sara hat einfach keine Lust

Sara besucht die zweite Klasse der Grundschule und fällt seit den ersten Schultagen durch ihr Arbeitsverhalten auf.

> »Sara, zeig mir bitte deine Mathehausaufgabe.«
> *Sara schaut in ihren Schulranzen. »Ich find sie nicht.«*
> »Komm, wir schauen zusammen.«
> *»Die hab ich nicht gemacht, ich hatte keinen Bleistift.«*
> »Mach die Hausaufgabe bitte jetzt in der Morgenzeit. Einen Bleistift kannst du von mir haben.«
> *»Ich hab aber keine Lust, ich kann die Rechnungen eh nicht.«*
> »Gestern hast du zehn dieser Aufgaben allein geschafft. Wer hat gestern deine Hausaufgaben kontrolliert?«
> *»Mama kann das auch eh nicht, und Mamas Freund war nicht da. Kann ich jetzt aufs Klo?«*
>
> Wenn Sie Saras Verhalten mit drei Oberbegriffen beschreiben müssen, welche wählen Sie aus? Sara hat/zeigt ...
> O bildungsfernes Elternhaus   O niedriger IQ

- ○ Frustrationstoleranz
- ○ Vermeidungsverhalten
- ○ wenig Freundschaften
- ○ schlechte Bindung zur Lehrkraft
- ○ mangelnde Motivation
- ○ Durchhaltevermögen
- ○ externalisierendes Verhalten
- ○ positives Fähigkeitsselbstkonzept

4.2.1 Welches Verhalten zeigt Sara?

Sara ist ein Kind, das im Unterricht zunächst wenig auffällt, da sie keine externalisierenden oder gar unterrichtsstörenden Verhaltensweisen zeigt. Sie fällt erst auf den zweiten Blick durch ihr ausweichendes und wenig motiviertes Arbeitsverhalten auf. Saras Arbeitshaltung in Lern- und Leistungssituationen ist nicht angemessen. Sie zeigt wenig Anstrengungsbereitschaft, eine geringe Frustrationstoleranz, Vermeidungsverhalten und kaum Durchhaltevermögen. Sie äußert selbst ihre Schulunlust. Aufgrund ihrer Äußerungen lässt sich ein negatives Fähigkeitsselbstkonzept vermuten. Die geringe Unterstützung durch das Elternhaus legt die Vermutung nahe, dass Sara in einem bildungsfernen, möglicherweise sozial benachteiligten Milieu lebt und somit eine erschwerte Lebenssituation hat.

Es liegt nahe, dass Sara mit mehr Unterstützung bessere Leistungen erbringen könnte. Sara fehlen die *Stützfaktoren für erfolgreiches Lernen:* Lern- und Leistungsmotivation, ein positives Fähigkeitsselbstkonzept, Lernstil, Durchhaltevermögen, Anstrengungsbereitschaft und Frustrationstoleranz sowie eine Arbeitshaltung und Struktur.

4.2.2 Konsequenzen für den Unterricht

Am schwierigsten zu fördern sind die Aspekte der *Lern- und Leistungsmotivation* sowie des positiven *Fähigkeitsselbstkonzepts.* Denn Lernen ist immer ein selbstgesteuerter Prozess, »ob gelernt wird, entscheidet der Lernende« (Bönsch et al. 2010, 31). Einen Menschen zum Lernen zu motivieren, ist somit nicht möglich. Es können aber Bedingungen geschaffen werden, die die »Eigenmotivation ansprechen, verstärken, aufrechterhalten« (ebd., vgl. Kap. 2.3). Zu diesen Bedingungen gehört zuallererst die Orientierung am Ist-

Stand des Schülers *(individuelle Bezugsnorm)*, um eine Leistungsbereitschaft zu erreichen. Es müssen kleine Erfolge und Erfolgserlebnisse sichtbar gemacht und rückgemeldet werden, sodass das Kind mehr Zutrauen in seine eigene Leistungsfähigkeit erhält und wieder Leistung erbringen will. Damit wird gleichzeitig ein positives Fähigkeitsselbstkonzept aufgebaut. In der Theorie klingt das zunächst einfach, allerdings gilt es bei Kindern wie Sara, den Teufelskreis der Lernstörung zu durchbrechen, der sich häufig über Jahre etabliert und verfestigt hat, sodass es sich nicht um schnell umsetzbare Schritte handelt. Hier setzen Maßnahmen der extrinsischen Motivation an, wie Lob, Verstärkung oder auch Belohnungssysteme/Tokensysteme (z. B. ein Token für das tägliche Rechnen von zehn Rechenaufgaben). Sara lernt leichter, wenn sie für sich interessante Lerngegenstände auswählen kann.

Damit aber auch wirklich gelernt wird, ist es sinnvoll, Sara verschiedene Aufgabentypen anzubieten. Sie wählt dann einen davon aus (denken Sie hier an das Prinzip der freien Wahl nach Maria Montessori – vgl. Montessori 2008, 125). Grundsätzlich wichtig ist hierbei ein konsequentes Feedback von Seiten der Lehrkraft. Schwache Schüler bringen die von ihnen erzielten positiven Resultate häufig nicht mit ihrer eigenen Arbeitsweise in Verbindung, negative Ergebnisse hingegen sehr wohl (negative Kausalattribution). Im Fallbeispiel spricht die Lehrkraft davon, dass Sara am Vortag zehn Aufgaben allein geschafft hat. Saras Leistungen des heutigen Tages werden folglich nur mit ihren eigenen Leistungen verglichen und nicht mit denen der Klasse. Hierbei handelt es sich um ein *selbstreferenzielles Feedback* mit dem Ziel, kleine Schritte auf dem Weg der Leistungssteigerung zu machen (vgl. Brookhart 2010, 93 ff.). Kurzum: Das Feedback der Lehrkraft unterstützt die Bildung eines positiven Selbstkonzepts und stärkt somit die Motivation (vgl. Ellinger 2017, 10), wobei es sich um einen längerfristig andauernden Prozess handelt.

Einfacher zu beeinflussen ist der Bereich des *Lernstils,* worunter Durchhaltevermögen, Frustrationstoleranz und Anstrengungsbereitschaft fallen. Tokensysteme können eingesetzt werden, um ein längeres zeitliches Durchhalten eines Kindes zu erreichen (z. B. erhält der Schüler für fünf konzentriert gearbeitete Minuten einen Muggelstein), wobei eine materielle Belohnung nicht unbedingt notwendig ist (vgl. Jakob et al. 2013, 23). An den individuellen Leistungsstand angepasste Leistungsanforderungen, im Sinne der klassischen inneren Differenzierung, helfen dabei, Anstrengung aufrechtzuerhalten (individuelle Passung). Die Anbahnung einer Fehlerkultur in der Klasse und das Üben des Verlierens in Spielen sind ebenso hilfreich (vgl. Bayerisches Staatsministerium für Unterricht und Kultus Teil 2 2012, 41). Verbalisierte und visualisierte Erwartungen – bezüglich des Arbeitspensums und der Arbeitszeitdauer – führen zu einer transparenten und vorhersehbaren Lernumgebung. Wichtig ist es, dass sich die Lehrkraft der Erwartungen, die sie an das Kind stellt, bewusst ist und das Kind in deren Erreichen unterstützt. Gesetzte Ziele müssen für den Schüler erreichbar sein, wobei die Kunst darin besteht, dass sie nicht zu leicht zu erreichen sind, da der Anspruch der Förderung ein Fordern im Sinne des Herausforderns nicht ausschließen darf. So können bei Belohnungssystemen Token auch wieder verloren werden, wenn der Schüler nicht mitarbeitet oder die an ihn gestellten Anforderungen bewusst nicht umsetzt (vgl. Jakob et al. 2013, 23). Bei Saras häufigem Wunsch nach einem Toilettenbesuch in Leistungssituationen können Token ebenfalls eingesetzt werden. Auch eine nach außen hin überraschende Vergabe eines Tokens mit der Aussage »Du hast alle Rechenaufgaben geschafft und musstest nicht zur Toilette« ist möglich.

Ein sehr großer Förderbereich für Kinder mit Lernbeeinträchtigungen ist *Strukturierung*. Kinder wie Sara streben, mit bedingt durch ihre erschwerte Lebenssituation, nach Sicherheit, Transparenz und Verlässlichkeit. Diesen Bedürfnissen kann durch das Prinzip der Strukturierung entsprochen werden: »Äußere Strukturierung dient als Hilfe für das Kind, sich innerlich zu strukturieren, Halt zu finden und Orientierung« (Bergsson/Luckfiel 2010, 52). Aufgabe der Lehrkraft ist es einen Rahmen zu schaffen, damit strukturiert gelernt werden kann. Dieser kommt sowohl Kindern mit wie auch ohne Lernbeeinträchtigungen zugute (vgl. ebd.). Klare Strukturierung bezieht sich auf die Aspekte Zeit sowie Ort und Raum.

Strukturierung der Zeit

Zeit lässt sich in die Einheit einer Unterrichtsstunde oder eines Tages oder einer Schulwoche unterteilen. Beginnend bei der größten Zeitspanne bedeutet dies, dass ein *Wochenplan* vielen Schülern bereits zu Beginn der Woche zeigt, was sie erwartet. Welches Fach an welchem Tag, etwaige Ausflüge, Feste oder gar die Abwesenheit der Klassenlehrkraft als Hauptbezugsperson. Mit Hilfe dieses Wochenplans kann am Freitag die Woche mit Hilfe von Satzmustern, wie »Das hat mir gefallen/nicht gefallen«, »Mich hat geärgert«, »Das war für mich schwierig/einfach«, reflektiert werden. Hierbei kommt es zu einer konkreten Auseinandersetzung mit der inneren Welt der Schüler und die Lehrkraft erhält einen zusätzlichen Einblick (vgl. Schromm 2017, 55 f.). Sara profitiert von solchen Feedbackrunden, da sie die Möglichkeit bieten, ihr Selbstkonzept im sozialen Kontext zu verstärken, wenn sie von der Lehrkraft vor der Klasse gelobt wird. Eine tägliche Konkretisierung erfährt der Wochenplan durch einen *Tagesplan*. Auch hier bietet das »wie, wann und mit wem« (Bergsson/Luckfiel 2010, 52) Sicherheit. Ziel ist die Visualisierung der aufeinanderfolgenden Unterrichtsaktivitäten, die mit einem Pfeil fokussiert werden. Zur sprachlichen Unterstützung bietet sich die Arbeit mit Begriffen wie *zuerst, dann, danach, am Ende* an. Im Anfangsunterricht ist die Visualisierung des *Stundenaufbaus* für viele Kinder eine Erleichterung, da ihr Gefühl für Zeit noch nicht so ausgeprägt ist (vgl. Schromm 2017, 56). Im Fall von Sara kann auf die Vorgabe von Teilzielen und -schritten einer Unterrichtseinheit (vgl. Wember 2007, 91) eine Kopplung mit der Formulierung von Verhaltensanforderungen erfolgen (»Du machst deine Hausaufgabe in der Morgenzeit. Du weißt, dass du 15 Minuten Zeit hast.«). Kleinere Zeiteinheiten können innerhalb einer Stunde durch den TimeTimer oder Sanduhren vorgegeben werden, um die Arbeitszeit zu visualisieren und das Arbeitstempo extrinsisch zu verstärken (vgl. Niko in Kap. 4.4).

Strukturierung des Lernortes

Strukturierungen von Ort und Raum beziehen sich meist auf die Klassenzimmergestaltung im Sinne einer Unterteilung in Leseecke, Ort des Erzählkreises oder auch Spieleecke im Anfangsunterricht (vgl. Schromm 2017, 56 f.). Notwendig ist dies aus sonderpädagogischer Sicht deshalb, da jeder »Raum« mit gewissen Verhaltenserwartungen einhergeht, die verbalisiert wurden und für die Kinder transparent sind (vgl. Bergsson/Luckfiel 2010, 53), auch sei auf den Aspekt der Reizreduktion verwiesen, der bei Niko in Kapitel 4.4 noch genauer ausgeführt wird. Kinder wie Sara benötigen noch mehr als eine reduzierte Klassenzimmergestaltung, sie brauchen Hilfe bei der Arbeitsplatzgestaltung und -organisation. Sara fehlt es an einer adäquaten Arbeitshaltung, diese kann unterstützt werden durch

- einen Mäppchenparkplatz: Markierung am Tisch, wo das Mäppchen während des Unterrichts liegt. So entsteht die Möglichkeit, dass die Lehrkraft lediglich auf die Stelle weist, falls Sara mit dem Mäppchen spielen sollte.
- einen Schulranzenparkplatz, der eventuell auch am anderen Ende des Klassenzimmers ist, sodass ein mögliches Abtauchen in den Schulranzen nicht passieren kann (benötigte Materialien werden am Morgen unter die Bank geräumt).
- eine tägliche oder wöchentliche Schulranzenkontrolle und Anleitung zum Auf- und Ausräumen desselben. Möglicherweise kann hier ein Belohnungssystem den nötigen Antrieb schaffen, damit Sara ihre Materialien mitbringt.
- eine Verbalisierung und eventuelle Visualisierung der benötigten Arbeitsmaterialien: »Du brauchst einen Bleistift und einen Radiergummi (mehr liegt nicht auf dem Tisch!).«
- die Bereitstellung von Materialien, die Sara absichtlich oder versehentlich zu Hause vergessen hat und ohne die das Arbeiten nicht möglich ist: Stifte, Schere, Kleber, Block, Ersatzhefte, die grundsätzlich in der Schule verbleiben.
- selbstreferenzielles Feedback zur selbstständigen Vorbereitung/ zum Aufräumen des Arbeitsplatzes.
- eine tägliche Rückmeldung an die Erziehungsberechtigten, wie Sara gearbeitet hat, ob ihr Material vollständig war u. Ä., ist nur dann hilfreich, wenn diese mit der Schule kooperieren.

Saras negatives Fähigkeitsselbstkonzept, ihre mangelnde Arbeitshaltung und ihr Vermeidungsverhalten benötigen viel Aufmerksamkeit und vor allem individuelle Zusprache von Seiten der Lehrkraft. Sollten zusätzliche zeitliche Ressourcen vorhanden sein, profitiert Sara sicherlich in hohem Maße von Einszueinssituationen mit Erwachsenen. Eine Lehrkraft muss, um Sara eine Umdeutung ihres Selbstkonzepts zu ermöglichen, sehr verständnisvoll und akzeptierend agieren. Für gleichaltrige Mitschüler sind die Haltung der Lehrkraft, die geringeren Leistungsanforderungen an Sara und ihr größerer Handlungsspielraum möglicherweise nicht immer leicht zu verstehen. In extremen Fällen kann dies zu sozialer Ausgrenzung führen. Aussagen wie »Warum bekommt Sara immer so was Einfaches zu arbeiten?«, »Die kann sich ja gar nichts merken«, »Bei Sara sind Sie nicht so streng«, sind durchaus möglich und erfordern eine authentische Antwort der Lehrkraft darauf. Wichtig sind in diesem Kontext der Verweis »Jeder arbeitet, so gut er kann«/»Jeder kann etwas anderes gut« (individuelle Bezugsnorm) und ein Ernstnehmen der Äußerungen der Mitschüler, um eine mögliche Isolation Saras vorwegzunehmen.

4.3 Daria kann es sich nicht merken

Daria geht in die erste Klasse einer Grundschule. Oft scheint sie einfach »nicht mitzukommen«.

> Arbeitsauftrag im Fach Deutsch: »Welche Silben ergeben ein Wort? Du musst also alle gefundenen Wörter sagen, damit du auch hören kannst, ob das passt, sonst kannst du das ja gar nicht wissen. Dann legst du die ausgeschnittenen Silben einfach auf deine Unterlage.«
> *Daria schneidet die Silbenkarten aus, nimmt ihren Kleber und klebt die Bilder der Reihe nach auf.*
> »Daria, sag mir noch einmal, was du tun sollst.«
> *»Aufkleben?«*

Daria hat Schwierigkeiten, sich den mehrteiligen Arbeitsauftrag zu merken. Neben dieser Situation ist auch folgendes Beispiel für Darias schulischen Alltag typisch:

> Es ist Montag. Daria sitzt vor einem Arbeitsblatt zur Übung des 10er-Übergangs.
> »*Ich weiß nicht mehr, wie das geht!*«
> »Diese Aufgaben rechnen wir seit zwei Wochen. Letzte Woche hast du diese Aufgaben schon ganz allein und richtig gerechnet. Denk nochmal nach.«
>
> Der Lehrer wendet sich einem anderen Schüler zu. Daria schaut einige Minuten auf ihr Arbeitsblatt, dann auf ihr unterstützendes Rechenmaterial und fängt an zu weinen.

Daria hat sich wirklich bemüht. Obwohl sie diese Aufgaben bereits konnte, kann sie sich nicht mehr erinnern, wie sie diese lösen soll. Die Schülerin hat Schwierigkeiten beim Abruf bereits gelernter Inhalte (Reproduktion). Eine logische Konsequenz ist auch, dass Daria später der Transfer auf produktive Übungsformate (z. B. Rechenmauern, Rechendreiecke, logische Päckchen, …) nicht gelingen kann.

> Daria ist eine Schülerin, die in der Klasse »unterzugehen« droht. Was sehen Sie als Hauptursachen dafür?
> O Introvertiertheit   O niedriger IQ
> O Hilflosigkeit   O mangelnde Motivation
> O Vermeidungsverhalten   O Durchhaltevermögen
> O wenig Freundschaften   O Klassengröße
> O Klassenklima   O schlechte Beziehung zur
> O Passivität   Lehrkraft

4.3.1 Welches Verhalten zeigt Daria?

Die Schwierigkeit Darias mit einem mehrteiligen Arbeitsauftrag könnte folgende Ursachen haben:
- Ihr auditives Gedächtnis (Teil des Ultrakurzzeitgedächtnisses) kann nicht so viele Informationen behalten.
- Sie hat bei der Aufgabenstellung nicht aufgepasst/war unkonzentriert, sie hat eine kurze Konzentrationsspanne.

- Ohne Wiederholung/Visualisierung ist der Arbeitsauftrag nicht in Darias Arbeitsgedächtnis übergegangen.
- Darias Arbeitsspeicher ist überlastet und kann diese Informationen nicht aufnehmen.
- Sie kann sich die Aufgabenstellung nicht wieder herleiten (logisches Schlussfolgern gelingt nicht).

Da Daria sich arbeitswillig zeigt, hilft es nicht, auf ihre Klebeaktion strafend, genervt oder verständnislos zu reagieren. Ihre fragende Antwort zeigt bereits, dass sie unsicher ist. Um Arbeiten und Lernen zu können wie die anderen Schüler, benötigt sie mehr Unterstützung.

Darias Schwierigkeiten mit Aufgaben, die sie bereits lösen konnte, sind nicht untypisch für Schüler mit Lernbeeinträchtigungen.

> **Exkurs: Vergessen von bereits Gelerntem**
> Gerade zu Beginn eines Lernabschnittes sind Automatisierungsvorgänge oft nicht abgeschlossen. Plötzlich (gerade nach dem Wochenende oder nach Ferien) ist bereits gelerntes Wissen wieder verschwunden. Es hat ein natürlicher Vergessensprozess eingesetzt, das heißt, die synaptischen Verbindungen haben sich wieder gelockert (vgl. Born/Oehler 2009, 65). Das geschieht gerade bei emotional unbedeutenden Lernstoffen, z. B. bei Daria beim Rechnen mit Zehnerübergang. Damit das Wissen tatsächlich fest im Langzeitgedächtnis verankert ist und bleibt, ist eine kontinuierliche und ausreichende Anzahl von Wiederholungen notwendig. Gerade bei Schülern mit Lernbeeinträchtigungen kann die notwendige Wiederholung viel länger und umfänglicher ausfallen, als man das als Lehrer vermuten würde.

Der Lehrer hier missdeutet Darias Hilfegesuch und wendet sich ab. Sie verzweifelt dann an der Aufgabenstellung: Sie selbst erinnert sich nicht mehr an den Lösungsweg, und auch ihr Rechenmaterial kann sie nicht mehr sinnvoll einsetzen. Der Lehrer nimmt sie nicht ernst und impliziert, dass Daria sich nicht genügend anstrengt. Sie findet keine Lösung für ihr Dilemma.

4.3.2 Konsequenzen für den Unterricht

Was kann die Lehrkraft also tun, damit Daria mit den anderen Schülern lernen kann?

Entscheidend ist auch hier wieder die Haltung, die die Lehrkraft Daria entgegenbringt: Daria ist arbeitswillig, und sie leidet darunter, dass sie die geforderte Leistung nicht erbringen kann. Folglich ist es die Aufgabe der Lehrkraft, Daria zu unterstützen und sie zu befähigen, am Unterricht teilnehmen zu können. Gute Planung (vorbeugend), Geduld und Wertschätzung können diese Situation entschärfen und Daria diese Versagenserlebnisse ersparen.

Formulierung von Arbeitsaufträgen

Der Lehrer sollte sich bei der Vorbereitung genau die Formulierung des Arbeitsauftrags überlegen. Neben der Lehrersprache (vgl. Kap. 6.2.3) sollte er auf die bereits erwähnte Klarheit (vgl. Kap. 2.1.2) achten:

– Einfachheit (bekannter Wortschatz; kurze, einfache Sätze),
– Kürze/Prägnanz (Konzentration auf das Wesentliche),
– Ordnung (übersichtlich, strukturiert, sichtbarer roter Faden, …) und
– zusätzliche Stimulanz (direktes Ansprechen).

Der Arbeitsauftrag »Welche Silben ergeben ein Wort? Du musst also alle gefundenen Wörter sagen, damit du auch hören kannst, ob das passt, sonst kannst du das ja gar nicht wissen. Dann legst du die ausgeschnittenen Silben einfach auf deine Unterlage.« könnte unter der Berücksichtigung dieser Regeln wie folgt heißen: »Schneide die Kästchen aus. Lege Wörter und sprich sie. Fertige Wörter legst du auf deine Unterlage.«

Aufforderungen wie »Hast du das verstanden?« oder »Melde dich, wenn du etwas nicht verstehst« führen bei Kindern mit Lernbeeinträchtigungen häufig nicht zu einem erwünschten Nachfragen, da viele Arbeitsaufträge und Anforderungen von ihnen überhaupt nicht vollständig erfasst werden können. Ihnen ist somit manchmal überhaupt nicht bewusst, dass sie etwas nicht verstanden haben. Es ist sinnvoller, den Arbeitsauftrag erst von einem leistungsstarken Schüler, dann noch einmal von Daria *wiederholen* zu lassen. So ist es wahrscheinlicher, dass ein Schüler mit Lernbeeinträchtigungen ihn mehrfach gehört und durch die eigene Versprachlichung wiederholt hat und nun weiß, was zu tun ist.

In einer höheren Klassenstufe würde der Lehrer wohl eher nach der allgemeinen Stellung des Arbeitsauftrags zu Daria gehen und sie diskret in eigenen Worten wiedergeben lassen, was ihre Aufgabe ist.

Zudem erleichtert eine Ritualisierung für das Stellen von Arbeitsaufträgen diese Unterrichtsphasen. Eine Möglichkeit sieht so aus (vgl. Reber/Schönauer-Schneider 2017, 34 f.):

1. *Aufmerksamkeit sichern:* zentrale Position einnehmen, Körper den Schülern zuwenden, akustisches Signal zur Aufmerksamkeitsfokussierung geben, Blickkontakt mit allen Schülern herstellen und warten, bis es ruhig ist (absolut niemals in die Unruhe hineinsprechen).
2. *Arbeitsauftrag geben:* auf Lehrersprache achten, chronologisch entsprechend der Handlungsreihenfolge sprechen, in Teilschritte gliedern und diese durch Piktogramme visualisieren, Anzahl der Schritte an Alter der Schüler anpassen (idealerweise 3–5 Schritte).
3. *Arbeitsauftrag sichern:* Schüler wiederholen in eigenen Worten und unter Verwendung der Piktogramme, Lehrkraft verweist nonverbal darauf, gezielt nachfragen (Wo findest du das AB?).
4. *Start der Arbeitsphase:* Beginn durch ritualisiertes akustisches Signal, Lehrer gibt individuelle Hilfen zur Erfolgskontrolle, positives Arbeitsverhalten verstärken.

Visualisierung des Arbeitsauftrages

Vermutlich wird es Daria auch während des Arbeitens passieren, dass sie plötzlich nicht mehr weiß, wie es weiter geht. Eine Visualisierung des Arbeitsauftrages (auf dem Arbeitsblatt und an der Tafel) gewährleistet, dass sie immer wieder nachsehen kann, was sie als Nächstes zu tun hat (s. Schritt 2). Abhängig von der Klassenstufe sollte dies in symbolischer und/oder schriftlicher Form geschehen.

Der Arbeitsauftrag und die Piktogramme sollten zeitgleich dargeboten werden.

Zudem sollten mit Daria einige *Strategien* eingeübt werden, die sie nutzen kann, wenn sie nicht mehr weiß, wie es weitergeht:
- Daria soll bei ihrem Sitznachbarn schauen, was er macht. Vermutlich soll sie das Gleiche tun.

- Ein befreundeter Mitschüler könnte Darias Helfer werden. Wenn sie nicht mehr weiterweiß, darf sie ihn fragen.
- Ebenso könnte sie bei einem Hefteintrag/einem Merkplakat nachsehen, wie z. B. die Addition mit Zehnerübergang geht.
- Die letzte Strategie hat Daria in Mathe bereits genutzt: den Lehrer fragen.

 Schneide die Kästchen aus.

Abb. 12: Piktogramm Schere

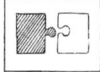 Lege Wörter

Abb. 13: Piktogramm Zusammenlegen

 und sprich sie aus.

Abb. 14: Piktogramm Sprechen

 Lege fertige Wörter auf deine Unterlage.

Abb. 15: Piktogramm Legen

Übung und Wiederholung

Vermutlich benötigt Daria nur eine kleine Wiederholung, wie sie ihr Rechenmaterial einsetzen soll und wie diese Aufgaben zu lösen sind. Daria benötigt also zu Beginn der Arbeitsphase Unterstützung eines Merkplakats/Helferkindes/des Lehrers. Oft vergessen Schüler mit Lernbeeinträchtigungen Dinge wieder, die nicht konstant wiederholt werden. Ein immer wiederkehrendes Erneuern bereits gelernter Inhalte würde dem entgegenwirken.

In Darias Fall könnte dies eine kurze gemeinsame Wiederholungsphase zu Beginn (oder auch nur mit dem Lehrer allein), ein Beispiel auf dem Arbeitsblatt, ein Merkplakat, … sein.

Auch wenn es anstrengender (für Lehrer und Schüler) ist, so sollten Inhalte dennoch verstanden und nicht nur mechanisch gelernt werde. Das erhöht die Wahrscheinlichkeit, dass Inhalte später wieder abgerufen werden können.

4.4 Niko will, wenn da nicht der Hund wäre

Die Klasse arbeitet seit einigen Minuten an einem Übungsarbeitsblatt, Niko schaut immer wieder auf/zu seinen Nachbarn/im Klassenzimmer umher und dann wieder auf sein Blatt, die Lehrkraft geht zu Niko und sieht, dass er erst zehn Wörter geschrieben hat.

»Niko, du weißt, dass du das Arbeitsblatt vor der Pause schaffen sollst.«
»Ja, dweiß ich, schon andfant. Weiß, mein Ondl mit seim Hund war destern bei mir.«
»Das kannst du mir in der Pause genauer erzählen.«
»Schau, dlaußn is Flau mit Hund vobei dandt. Mama dsat, ich au Hund haben daf.«
»Niko, jetzt schreiben wir und erzählen nicht. Du weißt doch, was du zu tun hast.«
»Ja, ich weita mach. Mama sat au, ich fetid machen muss und dann erst spieln darf.«
Nach weiteren zehn Minuten hat Niko nochmals zehn Wörter geschrieben, er schaut immer wieder auf und im Raum umher, bleibt aber ruhig. Bis zur Pause wird er nicht fertig mit seinem Arbeitsblatt.

In welchem Bereich erkennen Sie Ressourcen, die Niko hat?
O Handlungsplanung   O Lernmotivation
O Arbeitswille   O Zeitmanagement
O Konzentration   O Durchhaltevermögen
O Frustrationstoleranz   O Fähigkeitsselbstkonzept
O unterstützendes Elternhaus O Selbstregulation

4.4.1 Welches Verhalten zeigt Niko?

Zuerst sticht sicherlich Nikos dysgrammatische Sprache heraus, diese ist Thema im Kapitel 6.2.

Eine klare Ressource Nikos ist seine Arbeitshaltung, er beginnt seine Arbeit selbstständig, arbeitet nach Aufforderung weiter und hält durch, bis die Pause beginnt, wohl wissend, dass er nicht alles schaffen wird. Er verfügt somit über eine hohe Frustrationstoleranz. Niko scheint ein hohes Mitteilungsbedürfnis zu haben und erlebt in seinem außerschulischen Alltag Dinge, die ihm so relevant erscheinen, dass er sie seiner Lehrkraft als Bezugsperson mitteilen möchte. Scheinbar zeigt er dieses Mitteilungsbedürfnis auch zu Hause und seine Mutter geht darauf adäquat ein, indem sie Niko zeigt, wann Lern- und wann Erzählzeit ist. Auch die Lehrkraft verweist darauf. Niko scheint dies bewusst zu sein. Insgesamt zeigt Niko ein zeitlich begrenztes Durchhaltevermögen, wobei er den Arbeitsauftrag verstanden hat. Niko hat Probleme in der Aufrechterhaltung seiner Konzentration bzw. eine geringe Konzentrationsspanne.

Exkurs: Aufmerksamkeits- und Konzentrationsfähigkeit

»Konzentration (…) zeigt sich im gezielten Fokussieren auf einen Aufmerksamkeitsgegenstand« (Einhellinger 2018, 103), zuvor muss aber eine Diskrimination von relevanten und irrelevanten Reizen stattfinden. Für den Unterricht und das Lernen an sich sind eben diese (Diskrimination und Fokussierung) und die Kapazität des Arbeitsgedächtnisses relevant (vgl. ebd.). Die durchschnittliche Aufmerksamkeitsspanne liegt bei Kindern von 5–7 Jahren bei etwa 15 Minuten, bei 7–10-Jährigen bei 20 Minuten und bei Jugendlichen von 12–14 Jahren bei ca. 30 Minuten (vgl. Weier 2010, 210). Schüler mit Lernbeeinträchtigungen zeigen häufig eine zu leichte Ablenkbarkeit wie auch geringe Konzentration und bedenken wichtige Informationen mit zu wenig Aufmerksamkeit, so dass diese nur schwer langfristig gelernt werden können (vgl. Einhellinger 2018, 104). Aufmerksamkeit ist grundsätzlich als ein Konstrukt zu verstehen, das von verschiedenen Bedingungsfaktoren (z. B. Hormone, Infektionen, psychische Belastungen, problematische Erziehungsbedingungen in Familie und Schule, diverse Umwelteinflüsse) abhängt und das im Unterricht stark von dessen Qualität und der Art der Klassenführung beeinflusst wird (Heimlich 2009, 47).

Kinder wie Niko neigen dazu, ihre Aufmerksamkeit nicht fokussieren zu können bzw. nicht zielgerichtet zu arbeiten. Im Unterschied zu AD(H)S fehlen bei Niko die Teilaspekte Impulsivität und Hyperaktivität. Niko hat somit »nur« eine Konzentrationsschwäche, in deren Rahmen, er sich leicht(er) ablenken lässt oder andere Aspekte relevanter sind (der Besuch des Onkels oder die Mitschüler).

4.4.2 Konsequenzen für den Unterricht

Niko benötigt Hilfen zur Fokussierung seiner Aufmerksamkeit und eine generelle Reizreduktion, um länger und effektiver zu lernen. Zur *Fokussierung der Aufmerksamkeit* bieten sich folgende Möglichkeiten an:

Akustische Signale

Arbeitsphasen mit einem akustischen Signal (Klangschale, Ton auf dem Glockenspiel o. Ä.) beginnen (»Jetzt beginnst du.«) *und* beenden (»Die Arbeitszeit ist vorbei. Räum deinen Stift ins Mäppchen und schau nach vorne.«). Wichtig ist es, immer dasselbe Signal zu verwenden, sodass eine Verknüpfung und Ritualisierung entstehen.

Zudem kann *vor* dem Arbeitsauftrag mit einem akustischen Signal die Aufmerksamkeit sichergestellt werden.

Zeitliche Strukturierung

Arbeitsphasen gilt es zeitlich zu begrenzen (»Du hast zehn Minuten Zeit für dieses Arbeitsblatt.«), und dabei die Arbeitszeit zu visualisieren, beispielsweise mit einem TimeTimer, Sanduhren oder auch selbstgebastelten Tafelsanduhren, um keinen Zeitdruck aufzubauen. Die Auswahl erfolgt immer in Abhängigkeit des Schülers.

Grundsätzlich ist es für Kinder mit Lernbeeinträchtigungen hilfreich, ihnen kleinere Zeiteinheiten vorzugeben. So erhält das Kind eine kleine Tischsanduhr (erhältlich in 1/3/5-Minuten-Format) und eine klare (individuell realistische) Erwartung: »Die Sanduhr läuft eine Minute. In dieser Minute schreibst du fünf Wörter.« Wichtig ist es, dem Schüler eine kurze, dafür kontinuierliche Rückmeldung zu seinem Lernverhalten zu geben »Du hast in einer Minute vier Wörter geschrieben. Das nächste Mal schaffst du die vereinbarten fünf Wörter.« Fällt einem Kind zudem die Handlungsplanung schwer, bietet es sich bei mehrteiligen Arbeitsaufträgen an, diese schrittweise abzuarbeiten, sofern die zeitlichen Ressourcen für diese sehr individuelle Betreuung möglich sind: »Du bearbeitest jetzt Nummer 1 und meldest dich dann.« Außerdem ist die natürliche Aufmerksamkeitsspanne zu beachten. Nach 8–14 Minuten, in denen Kinder meistens gut lernen können, ist an eine Pause zu denken, durch die das Kind anschließend wieder lernbereit ist (vgl. Born/Oehler 2010, 57).

Neben der zeitlichen Begrenzung einzelner Arbeitsphasen sollten diese klar voneinander abgegrenzt werden, um sie überschaubarer und vorhersehbarer zu machen. Vom Großen zum Kleinen bedeutet dies, den Stundenplan auf einen Tagesplan und diesen wiederum auf einen Plan der jeweiligen Stunde herunterzubrechen. So kann der konkrete Plan der Stunde erfolgen und so visuell aufgeschlüsselt werden (1. Sitzkreis, 2. Einzelarbeit am Platz, 3. Bewegungsspiel, 4. Partnerarbeit), die Fokussierung wird dann unterstützt, wenn die aktuelle Phase mit einem Pfeil markiert ist. Auch Rhythmisierungen, die nichts anderes sind als die Variation des Grads der Strukturierung, sind so vorweg geplant und als Bewegungsanlass und Pause visualisiert. Erich spricht vom »systematischen Tätigkeitswechsel« (Staatsinstitut für Schulqualität und Bildungsforschung 2005, 112), der aus folgenden Teilschritten besteht:

- Ankündigung des bevorstehenden Arbeitsendes durch ein vertrautes Signal,
- Sicherstellung der Kontrolle der Arbeitsergebnisse,
- Aufräumen des Materials an einen von der Lehrkraft vorgegebenen Ort,
- Abwarten, bis alle Schritte erledigt sind,
- Abhaken der Phase am Tagesplan/Stundenplan,
- Fokussierung der Klasse durch eine kognitive Rückschau,
- Einleiten der neuen Phase mit motivierendem Kick,
- Benennen der nächsten Verhaltenserwartung.

Visualisierungen

Zur schnelleren Orientierung auf Arbeitsblättern wird die zu bearbeitende Nummer nach der Erteilung des Arbeitsauftrags mit einem Leuchtmarker markiert: »Deine Aufgabe ist Nummer 3, leuchte sie an.« Außerdem sind die Visualisierung von Arbeitsaufträgen (s. Kap. 4.3) und Lernvorhaben (s. o.) hilfreich. Auch Tokensysteme, die visualisieren, wie sich das Kind konzentriert hat, sind eine Möglichkeit.

Aufmerksamkeit lässt sich naturgemäß leichter fokussieren, wenn die *Umgebungsreize reduziert* werden und so die Umgebung an das Kind angepasst wird und nicht umgekehrt. In diesem Zusammenhang taucht in der sonderpädagogischen Literatur das Konzept der Reizreduktion nach Cruickshank auf. Er spricht dabei von einem nicht stimulierenden Klassenraum, einer reizreduzierten Lernkabine und reizverstärkendem Lern- und Arbeitsmaterial. Grundsätzlich gilt es, die Reize auf ein Minimum zu reduzieren, um so eine Erhöhung der Aufmerksamkeit zu erreichen (vgl. Hillenbrand 2011, 103 ff.). Cruickshank entwickelte sein Modell für einen Unterricht bei Kindern mit abweichendem Verhalten. Sein Konzept ist sicherlich nicht im Grundschulalltag umsetzbar, zeigt aber verschiedene Aspekte auf, die Lernen bei Konzentrations- und Aufmerksamkeitsproblemen leichter machen.

Reizreduktion im Klassenraum
(Nicht-stimulierender Klassenraum)
Eine Möglichkeit ist es, die Wand, an der die Tafel steht, von Plakaten, Regalen mit Materialien o. Ä. freihalten, sodass keine für das Lernen irrelevanten Reize ablenken. Auch eine frontale Sitzausrichtung kann zu einer besseren Fokussierung führen. Des Weiteren sind Fragestellungen zu bedenken wie »Wo steht das Lehrerpult?«, »Wie eng stehen die Tische beieinander?«, »Wie sehen sich die Schüler untereinander?«, »Kann jeder Schüler zur Tafel blicken?« (Bornebusch et al. 2014, 52).

Reduzierte Arbeitsblattgestaltung
(Reizverstärkendes Lern- und Arbeitsmaterial)
Verzicht auf unnötig farbige Darstellung, Figuren oder Muster auf dem Arbeitsblatt, die rein ästhetische Aspekte beinhalten und keine inhaltliche Notwendigkeit haben. Verstärkung oder Hervorhebung der Lerninhalte, sodass diese im Fokus stehen. Folgende Grundsätze sind bei der Arbeitsblattgestaltung aus sonderpädagogischer Sicht sinnvoll (s. Abb. 15):
- Rahmen des Arbeitsblattes (Figur-Grund-Wahrnehmung),
- Klare Felder, um Name und Datum einzutragen,
- (Begrenzung),

- Symbol des Unterrichtsfaches, um eine Zuordnung zu ermöglichen, dasselbe Symbol ist auch am Tagesplan, auf den Heftetiketten und den Ablagen ($1_2{}^3$ für Mathematik),
- Hervorhebung der Überschrift,
- Arbeitsauftrag schrittweise erklären (Handlungsplanung),
- Arbeitsschritte mit Piktogrammen visualisieren (Sicherstellung des Arbeitsauftrags),
- auf sprachliche Richtigkeit und Klarheit achten (Rechtschreibung),
- einheitliche Schriftart, -größe und -farbe verwenden (Schulschrift),
- Verzicht auf überflüssige Bilder, Zeichnungen o. Ä.,
- qualitativ hochwertige Kopien.

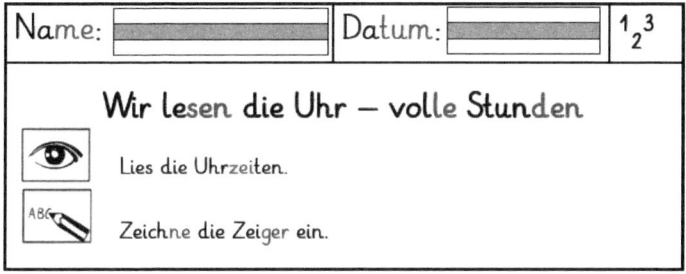

Abb. 16: Arbeitsblattgestaltung (eigene Darstellung)

Allgemeine Reizreduktion (Reizreduzierte Lernkabine)

Arbeitsplatz mit Trennwänden für Einzelarbeitsphasen beruhigen (z. B. Mobil Sichtschutz Clausura von TimeTex: www.timetex.de/unterrichtshilfen-lernhilfen/sichtschutz-und-gehoerschutz/timetex-mobil-sichtschutz-clausura).

Zudem ist eine Reduktion akustischer Umgebungsreize durch die Bereitstellung von Lärmschutzkopfhörern für Kinder günstig.

Neben diesen spezifischen Aspekten spricht Kretschmann bei Kindern mit Aufmerksamkeitsproblemen von informellen Maßnahmen, die nebenbei in den Unterricht integriert werden können. Dazu gehört
- häufigen Blickkontakt herstellen,

- freundliche und behutsame Extraaufforderungen vorab erteilen,
- sich nach der Instruktion vergewissern, ob das Kind alles verstanden hat und eine Wiederholung durch das Kind einfordern,
- im Vorbeigehen an den Arbeitsauftrag erinnern,
- das Kind von seinem aktuellen Arbeitsstand berichten lassen und es dazu direkt auffordern,
- Erleichterungen anbieten, wenn der Schüler überfordert ist, z. B. Bewegungsanlässe für den Betroffenen schaffen,
- ermutigen, wenn das Kind resigniert (vgl. Kretschmann 2007, 29).

Zusätzlich zu diesen schulischen Unterstützungsmaßnahmen kann für Niko Ergotherapie angeraten werden, um an einer Ausweitung seiner Konzentrationsspanne zu arbeiten (natürlich in Absprache mit dem Kinderarzt).

📖 Weiterführende Literaturempfehlungen

Born, A./Oehler, C. (2010): Lernen mit ADS-Kindern
Bornebusch, K./Engmann, K./Schleske, C. (2014): Förderschwerpunkt emotionale-soziale Entwicklung

5 Motorik und Wahrnehmung

5.1 Definition

Der zweite Entwicklungsbereich besteht aus den Komponenten *Motorik* und *Wahrnehmung*.

Motorik meint das Zusammenspiel aller Bewegungsfaktoren im menschlichen Organismus (vgl. Schaub/Zenke 2005, 392). Für den Bereich der Sonderpädagogik definieren Bundschuh/Dworschak Motorik als einen »Oberbegriff für die Gesamtheit der Bewegungen des menschlichen Körpers« (2007, 198), wobei sie motorische, sensorische, kognitive und affektive Prozesse beinhaltet. Motorik oder auch Bewegung ist eine zentrale Möglichkeit für menschliches Verhalten und Handeln, da sie Wahrnehmung vermittelt und somit der Schlüssel zum Kognitiven ist (vgl. ebd.). Bewegung, die mehr ist als funktionale Motorik, ist »integraler Bestandteil menschlichen Lebens und Verhaltens« (ebd., 200). Denn Bewegungen stellen (schon vorgeburtlich) elementare Erfahrungen dar, »die die Erkundung der Welt ermöglichen« (Lelgemann 2010, 72). Sie tragen in erheblichem Maße zur Entwicklung von Körperwahrnehmung und somit der Identitätsentwicklung bei (vgl. ebd., 73). Entwicklung verläuft folglich von außen nach innen, was heißt, dass über Bewegungen die Welt begriffen wird (vgl. Bundschuh/Dworschak 2007, 198). Der Begriff der Senso- oder Psychomotorik meint die Koordination von motorischen und psychischen Vorgängen (vgl. Schaub/Zenke 2005, 392), was bedeutet, dass Gefühle und Gedanken durch Bewegung ausgedrückt werden können (vgl. Bayerisches Staatsministerium für Unterricht und Kultus 2012, 25). Anzuführen ist außerdem noch der Begriff der Soziomotorik, wobei hier »Bewegung als Mittel zur Kommunikation und Interaktion« (ebd.) verstanden wird.

> *Motorik* ist die Gesamtheit aller Bewegungen, die ein Begreifen der Welt ermöglichen.

Wahrnehmung ist die Aufnahme von Informationen, die durch äußere und innere Reize zur Verfügung stehen, und deren sinngebende Verarbeitung (vgl. Lelgemann 2010, 68). Es geht hier folglich um eine Aneignung von Welt (vgl. Bundschuh 2007, 294). Wahrnehmung unterteilt sich in den sensorischen Aspekt (Aneignung, auch Perzeption) und den kognitiv-verarbeitenden Aspekt (Sinngebung, auch Apperzeption). Bekannt sind die fünf Sinnessysteme, die zur Wahrnehmung gehören: visuelles, akustisches, olfaktorisches (riechen), gustatorisches (schmecken), vestibuläres (Gleichgewicht) System und das Sinnessystem der Haut (vgl. ebd.).

Wahrnehmung ist ein grundlegender Aspekt der Entwicklung und Entfaltung von Persönlichkeit und ist immer abhängig von sozialer Interaktion und individuellen Erfahrungen (vgl. Lelgemann 2010, 68). Bei Wahrnehmung handelt es sich also um mehr als »nur« eine Sinnestätigkeit, nämlich um eine »individuelle Aktivität der Erkundung und Sinngebung« (Bayerisches Staatsministerium für Unterricht und Kultus 2012, 25).

> *Wahrnehmung* ist eine individuelle und sinngebende Verarbeitung von Umweltreizen.

Die Entwicklung von Motorik und Wahrnehmung beginnt im Mutterleib und ist vor allem in den ersten Lebensjahren eine große Entwicklungsaufgabe für ein Kind. Förderung der Bewegung führt zwangsläufig zu einer Förderung der Wahrnehmung, dabei handelt es sich um basale Prozesse (vgl. Bundschuh/Dworschak 2007, 199). Deshalb kommt der Bewegungserziehung insbesondere im Vorschul- und Grundschulalter eine herausragende Bedeutung zu (vgl. Schaub/Zenke 2005, 392).

Unterstützt wird diese Entwicklung durch eine anregende und ermutigende Umgebung und durch Eltern, die Raum für Bewegung und Wahrnehmung schaffen, ihr Kind darin positiv verstärken und Freude an dessen Bewegungen zeigen (vgl. Lelgemann 2010, 72). Der Entwicklungsbereich Motorik und Wahrnehmung ist von hoher

Relevanz, da Lernbeeinträchtigungen Wahrnehmungs- und Verarbeitungsstörungen bedingen und umgekehrt. Bedingt sein können Lern- und Wahrnehmungsbeeinträchtigungen durch organische Schäden, Entwicklungsstörungen, emotionale Störungen und Integrationsstörungen von Wahrnehmungsprozessen. Insbesondere der Bereich der Entwicklungsstörungen, entstanden aus mangelnden Wahrnehmungserfahrungen – unter anderem durch behindernde Kind-Umfeld-Bedingungen –, zeigt die enge Verknüpfung zu Kindern mit einer erschwerten Lebenssituation auf. Sozio-kulturelle Benachteiligung, Armut oder Fehlerziehung wie zu wenig Spielmaterialien, reizarme Umgebung, Lärmschäden durch Medien oder Reizüberflutung sind hier als negative Einflussfaktoren auf die Entwicklung von Lern- und Wahrnehmungsprozessen zu erwähnen (vgl. Bundschuh 2007, 296 f.).

Erfolgreiches Lernen benötigt verschiedene Wahrnehmungskanäle. Je mehr handelnde Möglichkeiten zur Auseinandersetzung mit Reizen gegeben werden, desto effektiver wird gelernt. Wichtig sind aber gut strukturierte, an das Kind angepasste Angebote (vgl. ebd., 297). Kognitive Fähigkeiten entwickeln sich im Austausch des Kindes mit anderen Kindern oder Erwachsenen – kurzum durch positive soziale Situationen, welche häufig basal erlebt werden, beispielsweise durch ein Lächeln, das es wahrzunehmen gilt (vgl. Lelgemann 2010, 75).

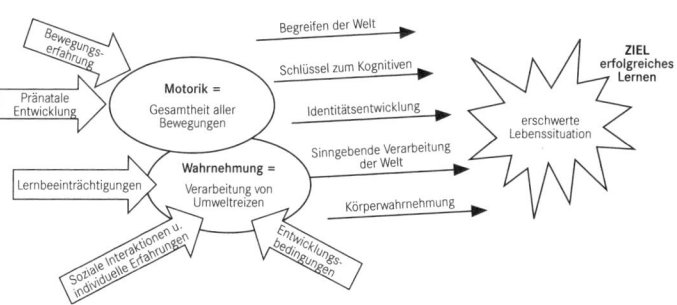

Abb. 17: Motorik und Wahrnehmung (eigene Darstellung)

5.2 Sara liegt auf dem Tisch

Sara liegt mit dem Oberkörper auf dem Tisch und stützt mit den Händen ihren Kopf.
»Sara, bitte setz dich aufrecht hin. Zeig mit dem Finger auf die rechte Seite oben bei Nummer 1 im Arbeitsheft. Ich will sehen, dass du dabei bist.«
Sara richtet sich unmerklich auf, stützt den Kopf weiter mit einer Hand ab, ihre ganze Hand schwebt über dem aufgeschlagenen Arbeitsheft.
»Sara, zeig bitte deutlich darauf.«
Sara legt ihre Hand auf die linke Seite des Arbeitsheftes.

In welchen Bereichen haben Kinder, die Saras Verhalten zeigen, meist noch Auffälligkeiten?

- O Ausdauer bei Bewegungen
- O Leserliche Schrift
- O Abruf des Gelernten
- O visuelles Gedächtnis
- O sozialer Bereich
- O Aufmerksamkeit
- O Körperschema
- O angepasste motorische Aktivität

5.2.1 Welches Verhalten zeigt Sara?

Zunächst fällt im Unterricht Saras Körperhaltung auf. Sie zeigt keine Körperspannung (hypoton) und liegt mehr, als dass sie sitzt. Ihren Kopf muss sie zusätzlich stützen. Auf Nachfragen äußern solche Kinder meist, der Kopf sei schwer und das Sitzen so anstrengend. Diese Körperhaltung drückt häufig wenig Motivation und Desinteresse aus. Kinder mit geringer Körperspannung neigen oft zu feinmotorischen Auffälligkeiten wie einer schwer leserlichen Schrift, da der Stift nicht korrekt gehalten wird und somit kein entsprechender Schreibdruck vorhanden ist. Weitere feinmotorische Aktivitäten wie ausschneiden, ausmalen oder aufkleben sind ebenfalls erschwert. Diese Schüler fallen bei Bewegungsspielen oder im Sportunterricht oft durch eine geringe Ausdauer und wenig geläufige motorische Abläufe, beispielsweise beim Laufen oder Ballwerfen, auf. Sara hat zudem

Schwierigkeiten in der Lateralität. Obwohl sie im zweiten Schuljahr ist, unterscheidet sie Begriffe der räumlichen Lage – rechts und links – nicht richtig. Nicht ersichtlich ist, wie sie die weiteren räumlichen Beziehungen – oben, unten, zwischen, neben, auf – versteht und bei Arbeitsanweisungen umsetzen kann. Somit ist Sara eine Orientierung im Raum, im Heft oder auf dem Arbeitsblatt erschwert. Saras Körperschema, welches ebenfalls von räumlichen Beziehungen beeinflusst wird, ist möglicherweise auch nicht gesichert.

Die Schülerin braucht Unterstützung im Bereich der Lateralität, um sich sicher in verschiedenen Räumen orientieren zu können, im Bereich der Körperspannung sowie der Feinmotorik.

5.2.2 Konsequenzen für den Unterricht

Vorangestellt werden muss, dass Lateralität als der »bevorzugte Gebrauch einer Seite (…) aufgrund einer überwiegenden Aktivität in der linken oder rechten Hirnhemisphäre« (Schaub/Zenke 2005, 343) nicht allein im schulischen Kontext zu fördern ist. Von einer beidseitigen Verwendung zur diagnostischen Abklärung ist dringend abzuraten, da die Dominanz einer Hand erwünscht und notwendig ist. Die Diagnostik der Händigkeit ist nicht schulische Aufgabe, sondern erfolgt entweder durch einen speziell ausgebildeten Linkshänder-Berater, beispielsweise nach Dr. Johanna Barbara Sattler, den Kinderarzt oder Ergotherapeuten. Die Weitergabe auffälliger Händigkeitsbeobachtungen ist vor allem im Anfangsunterricht von hoher Relevanz. Die Rückschulung umgeschulter Linkshänder (= eigentliche Linkshänder, die aber mit rechts zu schreiben gelernthaben) von rechts nach links in den ersten zwei Schuljahren kann durchaus – nach individueller Abwägung – in Betracht gezogen werden, da die sozialen Konsequenzen einer unterdrückten Händigkeit Auswirkungen auf alle Lernbereiche haben können (vgl. Sattler 2003, 79 f.).

Im Unterricht können folgende Maßnahmen ergriffen werden, um Kinder mit lateralen Schwierigkeiten zu unterstützen:

Raumorganisation
- Anbringen von Pfeilen, die mit rechts und links beschriftet sind, an/neben der Tafel,

- Zeichnen von Pfeilen auf Arbeitsblättern,
- Übungen mit dem Auftrag »Male alle Autos an, die nach rechts fahren«. Entscheidend ist hier eine kontinuierliche Versprachlichung, damit jedes Auto, welches nach rechts fährt, auch mit dem Begriff »rechts« in Verbindung gebracht wird.

Unterrichtsorganisation

Ein Bändchen oder Punkt am rechten Arm bzw. der Hand unterstützt die Orientierung, wenn dies das Kind nicht stört.
- Handlungsbegleitendes Sprechen der Lehrkraft: Bei einer Anweisung, die rechts oder links enthält, hebt die Lehrkraft (selbstverständlich spiegelverkehrt) ihre entsprechende Hand in die Luft.
- Bei Aufträgen »Zeig mir deine linke Hand«, solange abwarten, bis alle Schüler die Hand heben, gegebenenfalls korrigieren.
- Bild nach Diktat malen: »Unten ist ein Haus, daneben liegt ein Ball ...«
- Lage von Gegenständen und die Stellung verschiedener Dinge zueinander beschreiben.
- Regal nach Anweisung einräumen.

Bewegungsanlässe
- Spiele zur Rhythmisierung wie »Mein rechter, rechter Platz ist frei«, ...
- Bewegungsspiele, in denen die Lehrkraft Bewegungsanweisungen gibt, wie »Du stehst rechts von deinem Tisch ... Du sitzt unter deinem Tisch ... Du greifst mit deinem linken Arm unter den Stuhl ...«
- Übungen zur seitengleichen Ausführung von Bewegungen, z. B. Hampelmannsprung, Seilspringen, Faltübungen, Schwimmbewegungen im Trockenen, ...
- Überkreuzbewegungen mit den Extremitäten über die Körpermitte anbieten, z. B. liegende Acht mit dem Ball rollen, mit Tüchern jonglieren, Körperteile auf der gegenüberliegenden Körperseite berühren, mit Spielzeugautos vorgegebene Strecken abfahren, Spiegelmenschspiel (in Partnerarbeit macht ein Kind etwas vor, das andere imitiert), Papierflugzeug fliegen lassen und mit den Augen die Fluglinie verfolgen, Gegenstände von einer

Seite auf die andere transportieren, ohne die Hand zu wechseln, ...

Exkurs: Unterstützung von Linkshändern
Material für Linkshänder wird mittlerweile in vielfältiger Weise angeboten. Im Unterricht zu beachten ist (vgl. ebd.; vgl. Sattler 2003, 33 ff.):
- Heft oder Arbeitsblatt von der Körpermitte nach links positionieren (Richtwert: ca. 30 Grad nach rechts geneigt),
- spezielle Linkshänderfüller einsetzen,
- schnell trocknende Stifte verwenden,
- Linkshänderscheren und Linkshänderspitzer anbieten,
- Schreibunterlagen für Linkshänder (z. B. im LAFÜLIKI-Online Shop erhältlich),
- Vorschreiben von Worten oder Ziffern am Ende der Zeile, sodass Wortvorlage nicht von der Schreibhand verdeckt wird,
- auf richtigen Sitzplatz mit Bewegungsfreiheit achten: auf der linken Seite eines Doppeltisches,
- Lichteinfall sollte möglichst von rechts oder vorne kommen,
- Computermaus von Anfang an auf der linken Seite,
- Lockerungs- und Schwungübungen der Zeichenhand, dabei beachten, dass das Stiftende zur linken Schulter gerichtet ist.

Zur Anbahnung einer adäquaten Körperspannung und somit einer angepassten motorischen Aktivität muss grundsätzlich unterschieden werden in Hypomotorik (schlaff), wie bei Sara, und Hypermotorik (überspannt). In Abhängigkeit der Problematik im Muskeltonus müssen entweder anregende oder eher beruhigende Übungen ausgewählt werden. Im Folgenden wird ein Pool an Möglichkeiten zur Übung des Tonus angeführt (vgl. Daumenlang/Döllinger 2002, 37 f.):
- Bewegungen in Zeitlupe ausführen, um so ein Bewusstsein zu schaffen,
- Selbstinstruktion für Bewegungsabläufe anleiten,
- Unterricht »bewegt organisieren« (vgl. Bayerisches Staatsministerium für Unterricht und Kultus 2012b, 18),
- Muskelentspannungen anleiten, z. B. progressive Muskelrelaxation oder generelle Entspannungsübungen,

- strukturierte Bewegungsanlässe schaffen (nicht nur als Ausgleich zu bewegungsarmen Unterrichtsphasen, sondern täglich/stündlich integrieren),
- Übungen im Sportunterricht: Schubkarrenspiel, Spiele mit Rollbrettern, Pezzibälle, Bälle gezielt zuwerfen, Tauziehen,
- Arme/Beine zunächst steif machen und dann schlapp herunterhängen lassen (verbalisieren),
- Körper im Sitzen/Stehen/Liegen an- und entspannen,
- Ziehen und Schieben von verschiedenen Gegenständen,
- Tragen von unterschiedlich schweren Gegenständen,
- Reißen und/oder Knüllen verschiedener Papierarten,
- Schneiden von harten und im Vergleich dazu von weichen Dingen (rohe Kartoffel vs. Birne).

Eine verbesserte Körperspannung wirkt sich auf die Feinmotorik aus. Im Unterricht kann diese trainiert werden (vgl. u. a. Bayerisches Staatsministerium für Unterricht und Kultus 2012b, 12; Daumenlang/Döllinger 2002, 38 ff.) durch:
- Falt-, Knet-, Schneide- und Bastelübungen,
- Fädeln, Sticken, Knüpfen, Nageln, Klammern, Werkstücke als Geschenk verpacken im Werkunterricht,
- alltagspraktische Übungen, wie Schuhe binden, Knöpfe schließen und öffnen, Lebensmittel schneiden oder schälen,
- Lockerungsübungen der Hand vor Schreibaufgaben (vor allem im Anfangsunterricht ist eine stete Lockerung der Handmuskulatur unerlässlich, damit keine verkrampfte Stifthaltung beim Einüben der Buchstaben entsteht),
- Kräftigungsübungen der Fingermuskulatur,
- Spielmaterial für freie Phasen zur Verfügung: Fädelspiele, Mikado, Steckspiele, …
- Training des Zusammenspiels beider Hände: Perlen auf Schnur aufziehen, einen Ball unter die Wasseroberfläche drücken, mit gefalteten Händen wellenförmige o. ä. Bewegungen machen, einfache Jonglierübungen, …

5.3 Felix hört etwas anderes

> »Felix, welchen Laut hörst du am Anfang bei AAAAAffe?«
> Die Lehrkraft muss den Arbeitsauftrag noch einmal wiederholen, da Felix nicht aufgepasst und suchend im Raum umhergeschaut hat.
> *»Affe! Der Affe macht Uhuhuhuhuh!«*
> »Richtig, es geht um einen Affen. Hör genau auf das Wort A F F E. Welchen Laut hörst du am Anfang bei dem WORT A F F E?«
> *»Ja, Affe halt!«*

Eine andere Situation, die charakteristisch für Felix ist:

> »Pass auf! Kopfrechnen! 25 + 39. Felix!«
> *Felix schaut auf seinen Tisch und produziert ein monotones »Schschsch«.*
> Die Lehrkraft wiederholt Felix' Namen und den Arbeitsauftrag.
> *»25 … wie gleich nochmal?«*
>
> In welchen schulischen Lernbereichen tauchen bei Kindern wie Felix Schwierigkeiten auf?
> O Einzelarbeit   O kooperative Lernformen
> O praktische Fächer   O Schriftspracherwerb
> O auditive Arbeitsaufträge   O visuelle Arbeitsaufträge
> O Umsetzung von Aufgaben   O Reproduktionsaufgaben
> O Aufmerksamkeitsspanne   O Durchhaltevermögen

5.3.1 Welches Verhalten zeigt Felix?

Felix größtes Problem liegt in seiner auditiven Wahrnehmung begründet. Im ersten Beispiel wird ersichtlich, dass er Schwierigkeiten in der auditiven Analyse hat. Dies führt in der Regel zu einer erschwerten Lautanalyse, was sich wiederum auf den Schriftspracherwerb, genauer die phonologische Bewusstheit, negativ auswirkt. Das zweite Beispiel verdeutlicht, dass Felix auditives Gedächtnis eine kurze Merkspanne aufweist. Er kann sprachlich Gehörtes nicht ausreichend speichern und für eine Weiterverarbeitung nutzen. Kinder wie Felix haben in der Regel ein intaktes und gesundes Gehör, es fällt ihnen aber schwer, akustische Signale (Sprache oder Töne) zu verarbeiten. Das Problem ist somit eine auditive Wahrnehmungsschwäche. Bei Schülern wie Felix empfiehlt sich zunächst die Konsultation eines HNO-Arztes oder einer Pädagogisch-audiologischen Beratungsstelle, um eine periphere Hörstörung tatsächlich auszuschließen. Häufig taucht in diesem Zusammenhang das Schlagwort der auditiven Verarbeitungs- und Wahrnehmungsschwäche (AVWS) auf. Bei Felix liegt keine AVWS vor, sondern eine auditive Wahrnehmungsschwäche, die sich im Bereich des auditiven Gedächtnisses und Aufmerksamkeit zeigt.

> **Exkurs: Auditive Verarbeitungs- und Wahrnehmungsschwäche (AVWS)**
> Bei AVWS handelt es sich um Schwächen in »der zentralen, modalitätsspezifischen Verarbeitung bei intaktem peripherem Gehör« (Nickisch, Kiese-Himmel 2009, 469). AVWS sind ein isolierter und eigenständiger Störungskomplex. Kinder mit AVWS können korrekt hören, die Signale aber nicht entsprechend verarbeiten. Neben dem intakten Hörvermögen muss eine deutliche Diskrepanz zwischen den Fähigkeiten im auditiven Bereich und anderen kognitiven Fähigkeiten bzw. Bereichen vorhanden und nachgewiesen sein (IQ Testung).
> Dieses Diskrepanzkriterium hat zur Folge, dass bei Schülern mit Lernbeeinträchtigungen, die häufig einen niedrigeren Intelligenzquotienten haben, keine AVWS diagnostiziert werden kann.
> Häufige Komorbiditäten (Begleiterkrankungen) sind im Bereich der Aufmerksamkeitsstörungen angesiedelt.

5.3.2 Konsequenzen für den Unterricht

Felix braucht Unterstützung im Bereich seines *auditiven Gedächtnisses*. Im Unterricht wird diese gegeben durch
- eine *klare und einfache Lehrersprache* zum besseren Verständnis des Gehörten (vgl. Kap. 7.3),
- die kleinschrittige Gliederung, Erklärung und Visualisierung mehrteiliger *Arbeitsaufträge* (vgl. Kap. 4.3),

- das Zulassen externer Merkhilfen, z. B. bei oben geschilderter Kopfrechensituation das Mitschreiben der Aufgabe,
- die schriftliche Gabe von Aufgaben in mündlichen Abfragesituationen, sodass eine Konzentration auf den Lerninhalt möglich ist,
- metakognitives Strategietraining, sodass auditiv schwierige Situationen erkannt werden und das Kind entsprechend agieren kann, indem es Rückfragen stellt, seine Aufmerksamkeit bewusst dem Sprecher zuwendet, die auditiv wahrgenommenen Informationen selbst kontrolliert, Informationen innerlich wiederholt. Allerdings muss hier bedacht werden, dass Schüler mit Lernbeeinträchtigungen große Schwierigkeiten im Bereich der Metakognition haben und eine direkte Instruktion durch die Lehrkraft benötigen.

Eine spielerische Förderung ist möglich durch
- Merkspiele wie Flüsterpost und Kofferpacken,
- Geschichten erzählen und nacherzählen lassen (unterstützen des Handlungsstrangs mit Bildern – Visualisierung),
- Aufnahmen von Geräuschen, denen Bildern zugeordnet und die verbalisiert werden,
- Zahlen-, Laut-, Silben-, Wort, Klangfolgen vor- und nachsprechen lassen,
- Kinderbücher mit sich wiederholenden Phrasen lesen,
- Reime, Gedichte,
- Rhythmen vor- und nachklatschen,
- Geräuschedosen und -memory,
- (Körper-)Geräusche wahrnehmen und weitergeben,
- Wörter flüstern,
- KIM-Spiele zum Gedächtnistraining, z. B. mit Körpergeräuschen (pfeifen, klatschen u. Ä.),
- Richtungshören,
- auf Geräuschquellen mit geschlossenen Augen zugehen,
- auf wandernde Geräuschquellen mit geschlossenen Augen zeigen,
- »Abtauchen«: Lehrkraft flüstert Namen der Schüler, die erst dann in den Sitzkreis kommen,
- fallende Gegenstände am Klang erkennen,
- Unterscheiden und Wiedergeben von kurzen/langen, hohen/tiefen Tönen (vgl. Daumenlang/Döllinger 2002, 41 f.).

Die *auditive Aufmerksamkeit* kann durch akustische und ritualisierte Signale vor Arbeitsaufträgen unterstützt werden (vgl. Kap. 4.3, 4.4.). Vor allem aber das Sicherstellen des Blickkontakts, wenn die Lehrkraft spricht, ist entscheidend. Ebenso unterstützt eine Antlitzgerichtetheit, die bereits in der Sitzordnung berücksichtigt ist, ein besseres Verständnis. Die direkte Ansprache des betroffenen Schülers und die Hervorhebung seines Namens hält die Aufmerksamkeit aufrecht. Eine ruhige Unterrichtsatmosphäre, in der möglichst viele Störreize ausgeschlossen werden, versteht sich von selbst. Die Einhaltung der Gesprächsregeln (vgl. Kap. 6.4) ermöglicht ein aktives Zuhören aller Schüler. Aktives Zuhören muss trainiert werden, indem der Schüler immer wieder zur Wiederholung des bereits Gesagten angehalten wird, wobei eine Bloßstellung vermieden und möglichst viele Unterstützungshilfen – wie Visualisierungen – einzubauen sind. Nichtsdestotrotz sollte bei Kindern wie Felix immer eine AD(H)S-Symptomatik medizinisch abgeklärt werden (vgl. Bayerisches Staatsministerium für Unterricht und Kultus 2012b, 21).

5.4 Was schreibt Lilly da?

Lilly bekommt den Auftrag, wie jeden Montagmorgen ihre Wochenendgeschichte aufzuschreiben. Motiviert beginnt sie. Sie schlägt ihr Heft willkürlich auf und beginnt auf der rechten Seite zu schreiben, die linke Seite bleibt frei. Die Zeilen hält sie dabei nicht ein, einige Buchstaben sind gespiegelt.

»Gut, Lilly, du hast schon begonnen. Mach beim nächsten Mal bitte da weiter, wo du aufgehört hast. Und denk daran, genau in die Zeilen zu schreiben. Lies mir bitte den Satz vor.«
Lilly liest das erste Wort noch vor, schweigt dann lange und wirft schließlich ihr Heft wütend vom Tisch.
»*Ich kann es nicht lesen!*«

Lilly wird von einer Lehrkraft vermutlich als arbeitsintensiv wahrgenommen. Was sind die Hauptursachen dafür?

- ○ kann sich nicht selbst organisieren
- ○ schlechtes Schriftbild
- ○ bemüht sich wenig
- ○ ist impulsiv
- ○ braucht viel Unterstützung
- ○ unstrukturiert
- ○ ungenügender Abruf von Gelerntem
- ○ hält sich nicht an Regeln
- ○ niedrige Frustrationstoleranz
- ○ übermotiviert
- ○ extrovertierter Wutausbruch

5.4.1 Welches Verhalten zeigt Lilly?

Offensichtlich hat Lilly Schwierigkeiten mit ihrer *Handlungsplanung*. Zu Beginn der Arbeitsphase zeigt ein hohes Maß an Motivation. Diese bricht jedoch ein, sobald die Lehrerin Kritik anbringt. Die begonnene Arbeit wird abgebrochen und sogar vom Tisch geschubst. Eine Wiederaufnahme/Fertigstellung der Aufgabe ist nicht wahrscheinlich. Das externalisierende Verhalten von Lilly wird zudem dafür sorgen, dass sich die Lehrkraft ihr zuwenden wird. Sie wird als arbeitsintensiv und Kräfte zehrend wahrgenommen werden.

Auffällig ist, dass Lilly ihr Heft willkürlich aufschlägt und selbst dann nicht links oben zu schreiben beginnt. Sich selbst zu *strukturieren* scheint Lilly noch nicht in genügendem Umfang zu beherrschen. Dies lässt sich auch daran erkennen, dass sie ihr eigenes Geschriebenes nicht kontrolliert und somit auch nicht bemerkt, dass sie ihre Schrift nicht lesen kann.

Ihre unleserliche Schrift, die Nichteinhaltung der Zeilen sowie das Spiegeln von Buchstaben lassen vermuten, dass die Schülerin eine *Schwäche in der visuellen Wahrnehmung* hat.

5.4.2 Konsequenzen für den Unterricht

Einhergehend mit der zunehmenden Heterogenität finden sich immer mehr Schüler, denen wichtige Basiskompetenzen fehlen. Zu diesen gehört laut Marianne Frostig auch die visuelle Wahrnehmung. Ihr Förderprogramm zur *visuellen Wahrnehmungsfähigkeit* gliedert sich in fünf Bereiche: Auge-Hand-Koordination, Figur-Grund-Wahrnehmung, Formkonstanz, Raum-Lage-Wahrnehmung, räumliche Beziehungen (vgl. Bundschuh 2007, 296). Diese Bereiche bedingen sich gegenseitig und zeigen daher auch gemeinsame Schwierigkeiten auf.

Ist die *Auge-Hand-Koordination* beeinträchtigt, entstehen Probleme bei Aufgaben des Vergleichens, da Einzelobjekte mit den Augen nicht fixiert werden können (vgl. Lack 2011, 1). Dies können Auffälligkeiten sein:
- Linien können nicht fließend und gerade gezogen werden,
- Probleme beim Schneiden und in der Graphomotorik,
- Probleme in der Einhaltung von Begrenzungslinien beim Ausmalen,
- in Deutsch: Schwierigkeiten bei der Selbstkontrolle oder beim Abschreiben,
- in Geometrie: Schwierigkeiten beim Kästchen abzählen,
- in Mathematik: Probleme beim Zählen und Zuordnen.

Bei Schwierigkeiten mit der *Figur-Grund-Wahrnehmung* können einzelne Objekte in einer Vielzahl von Reizen nicht isoliert werden. Zudem hängt die Figur-Grund-Wahrnehmung eng zusammen mit der selektiven Aufmerksamkeit, der Schwierigkeit, sich auf einzelne Dinge zu konzentrieren (vgl. Knauf et al. 2006, 54). Dies können Auffälligkeiten sein:
- unorganisiertes Verhalten,
- Konzentrations- und Aufmerksamkeitsschwierigkeit, schnelle Ermüdung,
- hoher Zeitaufwand,
- Schwierigkeiten beim Abschreiben von Tafel/PC/Buch oder Overhead,
- Probleme beim Einhalten von Begrenzungslinien beim Ausmalen oder Schreiben in Zeilen.

Hat ein Schüler Probleme mit der *Formkonstanz,* fällt es ihm schwer, Gegenstände in verschiedenen Anordnungen, Größen, Lagen oder mit kleinen Veränderungen wiederzuerkennen. Dies können Auffälligkeiten sein:
- Schwierigkeiten bei Memory oder Puzzle,
- in Mathematik: Erkennen konstanter Mengen, Stellenwertsystem,
- in Deutsch: verschiedenen Schriften lesen können.

Wenn die *Raum-Lage-Wahrnehmung* nicht genügend ausgeprägt ist, haben Schüler Schwierigkeiten, die Lage eines Gegenstandes zu sich selbst zu erkennen. Dies können Auffälligkeiten sein:
– Chaotische Heftführung: Seiten auslassen, von rechts nach links oder unten nach oben,
– Schwierigkeiten mit der Unterscheidung von rechts und links,
– Probleme mit der Lateralität,
– in Mathematik: Schwierigkeiten mit richtiger Schreibweise von Zahlen, Spiegeln von Ziffern,
– in Deutsch: Spiegeln von Buchstaben, Einhaltung von Zeilen, Größenverhältnis der Buchstaben zueinander.

Werden die *räumlichen Beziehungen* nicht altersadäquat beherrscht, haben Schüler Probleme, mehrere Gegenstände zueinander und zu sich selbst richtig zu erfassen. Dies können Auffälligkeiten sein:
– ungeschickt und unfallanfällig,
– Orientierungsprobleme im Raum,
– Schwierigkeiten mit der Einschätzung von Längen und Größen (vgl. Lack 2011, 1).

Bei einem Schüler mit diesen Schwierigkeiten ist es dringend anzuraten, eine Förderung der visuellen Wahrnehmung vorzunehmen. Falls dies nicht bereits in der 1. Klasse als Vorkurs zu Mathematik durchgeführt wurde, bietet es sich an, auch später noch passende Aufgaben in den Wochenplan einzubauen oder auch kurze Spiele (Beispiele in Kap. 5.2.1) für die gesamte Klasse in den Unterricht zu integrieren.

Auch Eltern sollten hierbei angeleitet und angehalten werden, zu Hause zu üben (ggf. auch mit einem Trainingsprogramm, s. u.). Um die Bereiche der visuellen Wahrnehmung zu trainieren, wäre Ergotherapie dringend zu empfehlen.

Da sich Lillys Schwierigkeiten mit der visuellen Wahrnehmung nicht schnell beheben lassen werden, sondern einen Lernprozess bedeuten, ist es sinnvoll, auch Direkthilfen anzubieten. Diese zielen zugleich auf eine Selbststrukturierung ab, die Schülern mit Lernschwierigkeiten oft sehr große Mühe bereitet.

Lillys Struktur kann vom Lehrer zum Beispiel durch folgende Hilfestellungen unterstützt werden (vgl. Kap. 4.2 unter: Strukturierung des Lernortes):
- Regeln für Hefteinträge festlegen und visualisieren,
- Regeln wiederholen, bevor geschrieben wird,
- Klebepfeil an die Stelle ins Heft, an der weitergeschrieben werden soll,
- Leuchtmarkierung auf jede Seite links oben ins Heft,
- Schreibheft mit Zeilenhaus, ggf. Zeilen in unterschiedlichen Farben schraffieren,
- Strukturierung am Arbeitsplatz (Mäppchenparkplatz, Arbeitsplatz ist stets aufgeräumt),
- nach jedem Punkt den Satz noch einmal lesen und ggf. verbessern.

📖 Weiterführende Literaturempfehlungen

Daumenlang, C./Döllinger, I. (2002): Teilleistungsstörungen in der Grundschule
Erste deutsche Beratungs- und Informationsstelle für Linkshänder und umgeschulte Linkshänder: Informationsblatt zum Schreiben mit der linken Hand (online abrufbar)
Sattler, B. ([11]2003): Das linkshändige Kind in der Grundschule

Arbeitsmaterialien, die sinnvoll eingesetzt werden können, bieten nahezu alle Schulbuchverlage an. Einige Beispiele:

Bettner, M./Dinges, E. (k.A.): Komm mit – rechne mit! Basis Wahrnehmung/Pränumerik
Lack, C. (2011): Denken und Rechnen. Vorkurs. Mathematische Grundlagen
Schäfer, J. (2015): Die Visuelle Wahrnehmung trainieren

6 Sprache und Kommunikation

6.1 Definition

Der dritte Entwicklungsbereich gliedert sich in die Aspekte *Sprache* und *Kommunikation*.

»*Sprache* ist eine höhere psychische Funktion des Menschen, die auf zugrunde liegenden motorischen, sensorischen und kognitiven Verarbeitungsprozessen aufbaut« (Grohnfeldt 2003, 19). Grohnfeldt zeigt hier die enge Verbindung der Sprache mit den Bereichen Denken und Lernstrategien sowie Motorik und Wahrnehmung auf. Tenorth/Tippelt sehen Sprache als »ein konventionell vereinbartes System von verbalen oder nicht verbalen Zeichen zu Kommunikationszwecken« (Tenorth/Tippelt 2007, 687), welches die Realität spiegelt, schafft und verändert und dabei eine kommunikative, bildende, kognitive und persönlichkeitsbildende Funktion hat (vgl. Heidtmann 2007, 262). Der Rahmenlehrplan für den Förderschwerpunkt Lernen unterteilt Sprache in grundlegende Sprachdimensionen – wobei hier wieder der Bogen zum Bereich Motorik und Wahrnehmung gespannt werden kann – und die metasprachliche Bewusstheit, welche Metakognition erfordert und somit den Rückgriff auf Denken und Lernstrategien bildet (vgl. Bayerisches Staatsministerium für Unterricht und Kultus 2012, 31).

Sprache ist ein komplexes Zeichensystem, das zum Verstehen und zur Verständigung dient.

Exkurs: Sozio-linguistische Codes nach Basil Bernstein
In der Auseinandersetzung mit Literatur zu den Stichworten Sprache und Lernbeeinträchtigungen kommt man an den Schlagworten *elaborierter Code* und *restringierter Code* nicht vorbei, weshalb sie einer genaueren Beleuchtung bedürfen. Ihren Ausgangspunkt

nehmen sie in den 1960er-Jahren in Erläuterungen des Soziologen Basil Bernstein. Bernstein verweist damals bereits auf den Zusammenhang des sozio-ökonomischen Milieus (früher Schicht) mit Sprachfähig- und -fertigkeiten. Bernstein geht davon aus, dass die Sozialstruktur die sprachlichen Möglichkeiten von Individuen in einem bestimmten Code formt. Dieser Code führt zum Fortbestand und Erhalt dieser Gruppe (vgl. Bernstein 1972, 155 f.). Der Codestil entsteht also durch die spezifischen Kommunikations- und Interaktionsprozesse im familiären Rollensystem (vgl. Koch 2007, 105).

Es lassen sich zwei Code-Typen unterscheiden: zum einen der elaborierte Code, der die formale Sprache der »Mittelschicht« abbildet, und zum anderen der restringierte Code, der die öffentliche Sprache der »Unterschicht« umfasst (vgl. Bernstein 1972, 60; ebd.). Tabelle 1 stellt in gekürzter Form den restringierten dem elaborierten Code gegenüber (u. a. und ausführlicher ebd., 88 f. / 120 f.).

Restringierter Code	Elaborierter Code
- grammatisch einfache, kurze und oft unvollständige Sätze	- genaue grammatische Ordnung und Syntax
- geringer Wortschatz	- weiter Wortschatz
- syntaktisch einfache Sätze: wenig und redundanter Gebrauch von Konjunktionen; Gebrauch des Aktivs	- grammatisch komplexe Satzkonstruktionen: Gebrauch von Konjunktionen, Nebensätzen, Verwendung des Passivs
- begrenzter Gebrauch unpersönlicher Fürwörter (man, es)	- häufiger Gebrauch unpersönlicher Fürwörter
- häufiger Gebrauch kurzer Befehle und Fragen	- häufige Verwendung von Präpositionen
- tw. kategorische Behauptungen	- unterschiedliche Auswahl von Adjektiven und Adverbien
- niedrige Allgemeinheitsstufe angewandter Symbole	- expressive Symbolik

Tab. 1: Restringierter und elaborierter Sprachcode (eigene Darstellung)

Bernstein geht neben dieser Unterteilung der Sprachcodes so weit, dass ein Mittelschichtkind in der Lage ist, beide Sprachen zu sprechen, und somit angemesseneres, konformeres Verhalten im schulischen Rahmen zeigen kann (vgl. ebd., 76). Zentrale Botschaft der

Codes nach Bernstein ist folglich, dass sich durch Zugehörigkeit zu einem bestimmten sozialen Milieu Sprache kontextgebunden und -abhängig entwickelt. Eine **kontextunabhängige Sprache** ist aber als entscheidende Determinante für den Unterricht zu sehen. Schröder verweist auf Studien, die aufzeigen, dass ungünstige sprachliche Voraussetzungen bereits bei Kindern im Vorschulalter zu einem Prädiktor für Lernerfolg werden können (vgl. 2005, 163). Geringe Vorkenntnisse im sprachlichen Bereich werden kaum kompensiert, da es für den Sprachinput eine kritische Periode bis zum ca. zwölften Lebensjahr gibt (vgl. Spitzer 2014, 236). Diese Erkenntnis zeigt die hohe Relevanz von unterrichtsimmanenter sprachlicher Förderung auf.

Kommunikation ist ein »soziale(r) Prozess der Verständigung von Menschen über eine Mitteilung mit dem Medium der Sprache, der Mimik oder Gestik« (Schaub/Zenke 2005, 324). Wobei dieser Prozess mehr ist als der Informationsaustausch zwischen Sendern und Empfängern, da es um das Sich-Mitteilen und Verständigen geht. Es gilt somit zu berücksichtigen, dass jede Nachricht verschiedene Aspekte beinhaltet, nämlich einen Inhalts-, Sach-, Beziehungs-, Selbstoffenbarungs- und Appellaspekt (vgl. Heidtmann 2007, 262f.). Kommunikationsprozesse sind dabei interaktive Vorgänge, die eine soziale Dimension beinhalten (vgl. Maras 2012, 82f.) und somit störanfällig sein können. Für das Verständnis der sozialen Dimension von Kommunikation lässt sich Watzlawicks viel zitiertes erstes Axiom »Man kann nicht nicht kommunizieren« (Watzlawick 2016) heranziehen. Dieses zeigt, dass bei Kommunikationsvorgängen immer die verbale und nonverbale Kommunikation zu berücksichtigen ist.

> *Kommunikation* ist ein interaktiver Vorgang mit einer sozialen Dimension.

Die Erläuterungen zu *Sprache* und *Kommunikation* zeigen Verbindungen zu den weiteren Entwicklungsbereichen auf. Vor allem der Zusammenhang von Sprachstörungen mit Schriftsprachstörungen und Verhaltensauffälligkeiten ist empirisch vielfach nachgewiesen (vgl. hierzu Reber 2017, 30). Aber auch das reziproke Verhältnis von Sprachstörungen mit kommunikativen Beeinträchtigungen in Gesprächsprozessen – und somit auch Lernprozessen – muss bedacht werden (vgl. Grohnfeldt 2003, 21). Schüler mit Lernbeeinträchtigungen haben häufig Sprachstörungen und sprachliche Defizite in den Bereichen Wortschatz, Grammatik und Sprachverständnis (vgl. Reber/Schönauer-Schneider 2014, 17, Schröder 2005, 163). Der restringierte Sprachcode (s. Exkurs Sozio-linguistische Codes nach Basil Bernstein), der häufig von Schülern aus einer erschwerten Lebenssituation gesprochen wird, begünstigt die Entstehung einer Diskrepanz zwischen den Anforderungen der Schulsprache und der Alltagssprache (vgl. Albers 2015, 5).

Sprache als Medium ist essentieller Bestandteil des Unterrichtsalltags und nicht nur des Unterrichtsfachs Deutsch (vgl. Bayerisches Staatsministerium für Unterricht und Kultus 2012, 32). Kommunikative und sprachliche Fähigkeiten entscheiden somit über die aktive Teilnahme am Unterricht und die Auseinandersetzung mit Lerngegenständen. Der Umkehrschluss ist leicht zu ziehen und zeigt die Relevanz des Entwicklungsbereichs Sprache und Kommunikation in der Unterrichtung von Schülern mit Lernbeeinträchtigungen auf.

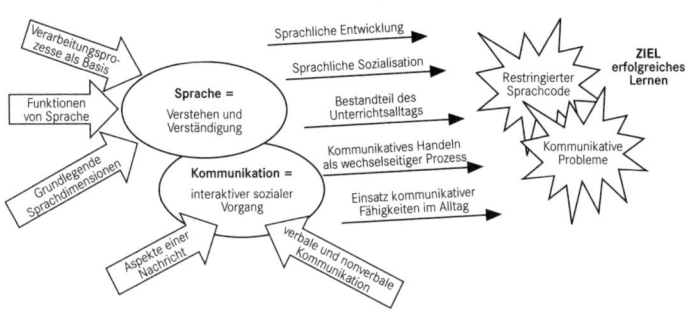

Abb. 18: Sprache und Kommunikation (eigene Darstellung)

6.2 Niko erzählt viel und gern – aber was?

Niko kennen Sie bereits aus Kapitel 4.2, dort fiel bereits, neben den Konzentrationsschwierigkeiten, seine Sprache auf.

> Erzählkreis vom Wochenende, Niko ist an der Reihe und erzählt seit einigen Minuten.
> *»Mir dan hat swimen dande. Und dann Eis desse. Dut falln mir.«*
> Mehrere Kinder fragen nach, was genau Niko gemacht hat. Niko wiederholt unbeirrt und freudig:
> *»Niko, Mama, swimen dande und Eis desse. Super.«*
>
> Welches Verhalten zeigt Niko in dieser Situation?
> ○ hohes Störungsbewusstsein
> ○ Mitteilungsbedürfnis
> ○ Zutrauen in eigene Fähigkeiten
> ○ positives Fähigkeitsselbstkonzept
> ○ Vermeidung sprachlicher Situationen

Niko hat nicht nur in der eigenen Sprache und im Sprachausdruck (expressiven Bereich) Schwierigkeiten, sondern auch im Sprachverständnis (rezeptiver Bereich):

> »Wenn du mit deinem Heft fertig bist, gehst du mit Schere und Kleber zu deinem Partner und ihr bearbeitet das Blatt aus der gelben Ablage. Denk daran, dass du zuvor dein Heft zu mir zum Korrigieren legst. Du kennst unsere Regeln für die Partnerarbeit.«

Es ist offensichtlich, dass Niko mit diesem Arbeitsauftrag Schwierigkeiten haben wird.

6.2.1 Welches Verhalten zeigt Niko?

Nikos Spontansprache ist nur schwer verständlich, insbesondere für gleichaltrige Kinder. Er hat Probleme mit der korrekten Bildung verschiedener Laute (Dyslalie). Er ersetzt bestimmte Laute (z. B. d/g) oder lässt sie ganz aus, sodass seine Wörter teilweise skeletthaft sind. Niko spricht grammatisch nicht korrekt (dysgrammatisch), und sein Satzbau ist weder vollständig noch richtig. Durch diese Einschränkungen bildet Niko einfache Sätze ohne Nebensatzkonstruktionen (Hypotaxen) und verwendet insgesamt einen sehr einfachen Wortschatz. Der oben genannte Arbeitsauftrag besteht jedoch aus Parataxen (Nebensatzkonstruktionen), ist in der zeitlichen Abfolge nicht chronologisch gegeben, kausale Bedingungsgefüge tauchen auf (Wenn …, dann …) und zudem werden Aufgaben (Was ist zu tun?) und Verhaltensanweisungen (Wie ist es zu tun? Regeln der Partnerarbeit) miteinander gemischt, ohne dass eine Sicherung erfolgt. Bedingt dadurch fällt es Niko sehr schwer, den Sinn des o. g. Arbeitsauftrags zu erschließen und daraus Handlungen abzuleiten. Niko hat folglich Schwierigkeiten in den grundlegenden Sprachdimensionen: Aussprache, Wort-/Satzbau, Wortschatz, Sprach- und Anweisungsverständnis (vgl. Bayerisches Staatsministerium für Unterricht und Kultus 2012, 31).

Als Ressource lässt sich erkennen, dass Niko trotz seiner Schwierigkeiten keine Scheu zeigt, in sozialen Situationen zu sprechen. Er reagiert auf die Nachfragen seiner Mitschüler und wiederholt das Gesagte. Er ist dabei bemüht, den Satz zu verändern, sodass ein Verstehen – aus seiner Sicht – möglich ist. Niko hat ein hohes Mitteilungsbedürfnis, was sicherlich in manchen Unterrichtssituationen für die Lehrkraft zu einer zusätzlichen Belastungssituation führt. Sein Verhalten in sprachlichen Anforderungssituationen ist nicht von Vermeidung gekennzeichnet, sondern er spricht selbstbewusst. Niko lebt in einem sehr unterstützenden Elternhaus und erhält seit dem Kleinkindalter Logopädie. Seine Eltern achten darauf, ihn in sprachlichen Situationen zu stärken und als positives Sprachmodell (elaborierter Sprachcode) zu fungieren. Dennoch gelingt Niko meist kein Transfer des Erlernten in die Alltagssprache. Aus Kapitel 3 ist bekannt, dass Niko über einen eher niedrigeren Intelligenzquotienten verfügt. Niko ist ein typisches Beispiel dafür, dass durch zusätzliche Förderung viel – aber eben nicht alles – erreicht werden kann.

6.2.2 Konsequenzen für den Unterricht

Nikos vielfältige sprachliche Schwierigkeiten vollständig zu kompensieren ist und darf keinesfalls der Anspruch der Lehrkraft im inklusiven Unterricht sein. Niko ist ein Kind, das unbedingt außerschulische Fördermaßnahmen wie Logopädie benötigt.

Im Unterricht ist für Niko eine angepasste *Lehrersprache* unterstützend, um die an ihn gestellten Anforderungen zu verstehen und umzusetzen. Die Lehrkraft fungiert zudem als sprachliches Vorbild, weshalb im Sinne des Modelllernens auf eine strukturierte Lehrersprache zu achten ist. Diese (vgl. u. a. Grohnfeldt/Schönauer-Schneider 2007, 245 f.; Reber/Schönauer-Schneider 2014, 44 ff., vgl. auch Kap. 2.1.2) kennzeichnet sich durch:

- klare, lautreine und nicht zu schnelle Artikulation,
- reduzierte Komplexität: das Sprachniveau der Lehrkraft liegt nur knapp über dem der Schüler,
- kurze und einfache Arbeitsanweisungen sowie Verzicht auf Aufforderungsketten,
- gemäßigte Lautstärke – kein Sprechen in Unruhe hinein,
- Zurücknahme der Lehrersprache zugunsten einer Erhöhung des Sprachumsatzes der Schüler und um ein Nachdenken zu ermöglichen (Gesetz der zwei Drittel: Lehrkraft nimmt meist zwei Drittel des Sprachumsatzes im Unterricht ein, sodass nur noch ein Drittel für alle Schüler übrig bleibt; vgl. Reber/Schönauer-Schneider 2014, 49 – der Sprachumsatz eines jeden Schülers muss aber deutlich höher liegen, weshalb die Zurücknahme der eigenen Sprache einen sehr hohen Stellenwert in der Unterrichtsplanung einnimmt, z. B. Impulse statt Fragen, offene Fragen stellen),
- Sprechpausen zur Akzentuierung von Sprachsituationen,
- Spezifisches Loben von Schüleräußerungen: Reaktion auf Inhalt, nicht auf Sprache,
- nonverbale Kommunikation, wie Blickkontakt und Antlitzgerichtetheit, angepasster Einsatz von Mimik und Gestik sowie ein günstiges Raum- und Distanzverhalten.

Unverzichtbar ist außerdem für die Sicherstellung des Anweisungsverständnisses eine Visualisierung und kleinschrittige Unterteilung von Arbeitsaufträgen, wie es beispielsweise auch Daria (vgl. Kap. 4.3) benötigt. Handlungsbegleitendes Sprechen und das Verweisen auf benötigte Gegenstände für Arbeitsphasen erleichtern zudem die Umsetzung. Kinder mit Sprachverständnisstörungen achten häufig stark auf ihre Mitschüler und imitieren deren Handlungen. Oder sie handeln aufgrund von Fragmenten, die sie aus der Arbeitsanweisung heraus verstanden haben. Um das Verständnis sicherzustellen, sind gezielte Nachfragen (W-Fragen) von Seiten der Lehrkraft unerlässlich, zudem wird so eine aktive Fragehaltung bei den Schülern unterstützt (vgl. Grohnfeldt/Schönauer-Schneider 2007, 249).

Niko zeigt Sprechfreude im sozialen Kontext, diese muss unterstützt und dennoch sensibel korrigiert werden. Nachfragen und Äußerungen, wie »Sag das noch mal«, »Das war falsch«, »Richtig heißt das Wort so«, »Wiederhole nochmal richtig« führen häufig zu einem Verlust der Sprechfreude und zur Vermeidung von Sprache in Lern- und Leistungssituationen und womöglich auch sozialen Situationen. Kinder wie Niko profitieren von den Modellierungstechniken nach Dannenbauer, die als Klassiker der Sprachheilpädagogik gelten. Ziel ist es, den sprachlichen Input für Kinder mit Sprachstörungen zu optimieren und Sprache anzuregen. Dannenbauer unterscheidet in vorausgehende und nachfolgende Sprachmodelle (vgl. u. a. Dannenbauer 1999, 152 ff., Reber/Schönauer-Schneider 2014, 47).

Bezeichnung	Funktion	Beispiele
Präsentation	Gehäufte Einführung der Zielform	Perfektbildung *Hast* du *gesehen?* Ich *habe* die Kugel *genommen.* Hast du auch eine Kugel *gefunden?*
Parallelsprechen	Versprachlichung kindlicher Intention	Aha, du willst wohl ein großes Auto, ein rotes. Und dieser grüne Bagger?
Alternativfragen	Angebot zweier Zielstrukturen zur Beantwortung	Liegt der noch *im* Bett oder ist er schon *ins* Bad gegangen?

Tab. 2: Vorausgehende Sprachmodelle (nach Dannenbauer 1999, 152 ff. und Reber/Schönauer-Schneider 2014, S. 48)

Die vorausgehenden Sprachmodelle sind als präventive Modelle zu sehen. Wohingegen die nachfolgenden Sprachmodelle eine Intervention auf eine nicht korrekte Schüleräußerung darstellen.

Bezeichnung	Funktion	Beispiele
Expansion	Vervollständigung kindlicher Äußerung unter Einbau der Zielstruktur	Baum anmalen → Ja, du kannst den Baum anmalen.
Umformung	Veränderung der Äußerung unter Einbau der Zielstruktur	Wir nehmen Pferde. → Gut, dann nehmen wir die Pferde.
Korrektives Feedback	Wiedergabe der Äußerung mit berichtigter Zielstruktur	Der Krankenwagen nicht kommen muss. → Nein, der Krankenwagen muss nicht kommen.
Modellierte Selbstkorrektur	Nachahmung kindlicher Fehler bei der Zielstruktur mit sofortiger Korrektur	Und du hol Teller. Nein, falsch! Und du holst Teller.
Extension	Sachlogische Weiterführung der Äußerung unter Einbau der Zielstruktur	Du kannst nicht das machen. → Nein, ich habe das nicht gelernt.

Tab. 3: Nachfolgende Sprachmodelle (nach Dannenbauer 1999, 152 ff. und Reber/Schönauer-Schneider 2014, S. 48)

Diese Sprachkorrekturen gelingen am besten in einem sprachanregenden und angstfreien Unterricht, in dem jedes Kind mit seinen sprachlichen Fähigkeiten Gesprächsbereitschaft signalisiert bekommt. Entscheidend für das Selbstkonzept eines Kindes ist immer auch der Umgang der Mitschüler mit seinen Schwierigkeiten, weshalb ein *positives Gesprächsklima* unabdingbar ist. Der Aufbau eines solchen wird gefördert durch:
- Gestaltung einer ruhigen und ritualisierten Erzählatmosphäre,
- fest installierte Gesprächsregeln (gemeinsam erarbeitet, eingeübt, visualisiert und regelmäßig reflektiert, vgl. Kap. 6.4),
- Achten auf Blickkontakt,
- Erzählzeiten einplanen,
- positive Rückmeldung durch die Lehrkraft, um Sicherheit zu geben,
- ein Angebot von Floskeln zur Kontaktaufnahme (Satzstreifen mit *Guten Morgen, Wie geht es dir, Wie war dein Wochenende* u. Ä.),

- Höflichkeitsformeln in Rollenspielen üben, wie Begrüßung, Verabschiedung, Bitte, Danke, Entschuldigung,
- Satzstrukturen und Satzeinstiegshilfen vorgeben *(Ich sehe ..., Ich war ..., Am Wochenende habe ich ..., Ich glaube, dass ...)*,
- in Abhängigkeit des Alters der Schüler auch das Angebot von Sprachspielen (vgl. Bayerisches Staatsministerium für Unterricht und Kultus – Teil 2 2012, 51).

Der Rahmenlehrplan für den Förderschwerpunkt Lernen führt als unterrichtsimmanente Fördermöglichkeiten der Aussprache zudem an (vgl. ebd., 56):
- Förderung der Mundmotorik, z. B. mit Zungenbrechern,
- Mundmotorische Übungen sowie Zungen-, Puste-, Saugübungen,
- Mundbilder und Handzeichen im Erstlese- und -schreibunterricht verwenden,
- bewusster Einsatz von Sprechpausen,
- rhythmisches Sprechen,
- Sprache spielerisch einsetzen, z. B. Sprechen wie ein Tier,
- Arbeit mit Minimalpaaren,
- auditive Differenzierungsübungen.

Abschließend lässt sich festhalten, dass Niko durch eine Reduktion der Lehrersprache, eine sensiblen Sprachkorrektur seiner Äußerungen im Sinne der Modellierungstechniken nach Dannenbauer und durch ein positives Gesprächsklima unterstützt werden kann. Die sprachheilpädagogische Literatur verfügt selbstverständlich über ein noch breiteres Spektrum an Fördermöglichkeiten in Abhängigkeit des spezifischen Störungsbildes. Die oben angeführten Punkte wurden ausgewählt, da sie uns für die Umsetzung im Grundschulalltag am geeignetsten erscheinen.

6.3 Felix und das Nachdenken über Sprache und Sprechen

In Kapitel 5.3 tauchte Felix Problem mit der Anlautanalyse des Wortes Affe auf. Auch diese Beispiele sind typisch für ihn.

»Ich Mama war mit einkaufen.«
»Ah, du warst gestern mit Mama einkaufen.«
»Ja, hab' ich gesagt.«

Unterrichtsgespräch im Sachunterricht, ein Mitschüler Felix spricht.
»Wir haben gesammelt und Blumen und Blätter gefunden.«
Die Lehrkraft fordert Felix auf, die Aussage seines Mitschülers sinngemäß zu wiederholen
»Wir haben gesammelt und gefunden Blumen und Blätter.«

Welche Techniken kann die Lehrkraft einsetzen, um Felix' Verständnis zu unterstützen und fördern?
- ○ Nachfragen und Wiederholungen
- ○ handlungsbegleitendes Sprechen
- ○ Antlitzgerichtetheit
- ○ akustische Signale
- ○ Modellierungstechniken
- ○ Reizreduktion
- ○ Visualisierungen

6.3.1 Welches Verhalten zeigt Felix?

Die Beispiele zeigen, dass Felix Schwierigkeiten hat, Fehler in eigener und gehörter Sprache zu erkennen und zu identifizieren. Das AFFE-Beispiel aus Kapitel 5.3 macht Felix' Probleme in der Anlautanalyse deutlich. Zusammenfassen lassen sich diese Aspekte unter dem Schlagwort der *Metasprache*. Dabei handelt es sich um »das bewusste, reflektierte Sprechen über Sprache und sprachliche Phänomene« (Reber/Schönauer-Schneider 2014, 53), also das »Sprechen über Sprache« (Reber 2017, 101,). Metasprachliche Fähigkeiten unterteilen sich weiter in phonologische, semantisch-lexikalische, syntaktisch-morphologische und pragmatische Bewusstheit (vgl. ebd.). Felix fällt insbesondere im Bereich der phonologischen Bewusstheit auf. Diese ist vor allem im Anfangsunterricht ein Indikator für einen erfolgreichen Schriftspracherwerb. Phonologische Bewusstheit meint die »Fähigkeit, seine Aufmerksamkeit weg vom Bedeutungsgehalt der Sprache hin zu deren lautlichen

Aspekten zu lenken« (ebd., 35). Unterschieden wird die phonologische Bewustheit
- im weiteren Sinne: größere lautliche Einheiten, wie Silbe und Reime sowie
- im engeren Sinne: Laute als kleinste lautsprachliche Einheiten, wie An-, In- und Auslaute (vgl. Reber/Schönauer-Schneider 2014, 70).

Relevant ist die phonologische Bewustheit zudem vor dem Hintergrund, dass vor allem Risikokinder (mit Sprachbehinderungen oder Aufmerksamkeitsstörungen) diese nicht einfach »by doing« (Reber 2017, 101) erwerben, sondern gezielte Hilfen bei Erwerb und Anwendung von Regelhaftigkeiten sowie Fachbegriffen brauchen (vgl. Reber/Schönauer-Schneider 201, 53 f.). Reguläre Leselehrgänge bieten meist zu wenig Übungsmöglichkeiten im Bereich der Phonemanalyse und -synthese, sodass Kinder wie Felix stärker strukturierende Hilfen dazu brauchen (vgl. Crämer/Schumann 1999, 282 f.). Die folgenden unterrichtspraktischen Fördermöglichkeiten sind stets vor dem Hintergrund zu sehen, dass Metasprache nicht nur eine Folge, sondern auch die Voraussetzung für Schriftsprache ist. Demnach kann und muss diese durch gezielte Fördermaßnahmen auch bei sprachlich auffälligen Kindern angebahnt werden (vgl. Osburg 2003, 124).

6.3.2 Konsequenzen für den Unterricht

Zum Training der phonologischen Bewustheit haben sich im Unterricht Förderprogramme, wie »Leichter lesen und schreiben lernen mit der Hexe Susi« (Forster/Martschinke 2001) bewährt. Effizienter ist es nach Reber allerdings, auf ein separates Trainingsprogramm zu verzichten und Übungen in den Schriftsprachlehrgang zu integrieren (vgl. 2017, 70 ff.). Die meisten Erstlese- und -schreiblehrgänge bieten in den Handreichungen für Lehrkräfte eine Vielzahl an Übungsformaten für die phonologische Bewustheit an. Im Folgenden wird daher nur ein Überblick über die Vielfalt an Fördermöglichkeiten gegeben.

Phonologische Bewustheit im weiteren Sinne:
Zu bedenken ist, dass auf Silben- und Reimebene noch keine Laut- oder Buchstabenkenntnis miteinbezogen wird (vgl. Wemmer 2018, 4).

- Rhythmisches Syllabieren: Silben mit der Schreibhand schwingen und gleichzeitig schreiten, z. B. in der Fibel *Karibu* aus dem Westermann Verlag (vgl. Karibu 2014, 39). Es wird nicht geklatscht, da beim Klatschen häufig die Schnittstelle zwischen zwei Silben überhört wird.
- Silben segmentieren: Robotersprache (auch Pilotsprache genannt) einsetzen, wie Kro-ko-dil, dabei Silben mit Silbenbögen kennzeichnen.
- Silben neu zusammensetzen: Ka-mel und Zie-ge wird zu Ka-ge und Zie-mel, dabei Bilder einsetzen (vgl. Martschinke et al. 2014, 24).
- Silbenbögen unter Bilder zeichnen oder mit Augenzahl eines Würfels verbinden (vgl. Wemmer 2018, 30 ff.).
- Reimpaare erkennen und zuordnen, z. B. Reim-Dominos, Reim-Memorys, Reim-Bingos (vgl. ebd., 88 ff.).

Phonologische Bewusstheit im engeren Sinne

Im Sinne eines curricularen Aufbaus empfiehlt es sich zunächst, lediglich die auditive Wahrnehmung von Lauten zu schulen, bevor es zu einer Lautlokalisation und erst im Anschluss zu einer Phonem-Graphem-Korrespondenz (Laut-Buchstaben-Zuordnung) kommt (vgl. Wemmer 2 2018, 6). Zu Beginn ist die Verwendung von lauttreuen Wörtern bei der Lautanalyse anzuraten (vgl. Wemmer 3 2018, 6).

- Orientierung auf der Anlauttabelle: Übungen mit der fibeleigenen Anlauttabelle, wie Bilder benennen, Geschichten zu den Bildern der Anlauttabelle erzählen, Nachbarn auf der Anlauttabelle finden, »Mein rechter, rechter Platz ist frei«, »Gehe zu …«, Anlaute hüpfen (Bilder der Tabelle liegen am Boden (weitere Ideen in Jakob et al. 2013, 32 f.).
- Erkennen von Anlauten: Anlaute von Bildern bestimmen, Bilder mit gleichen Anlauten ordnen.
- Wörter lautieren und Phoneme segmentieren: Wie viele Laute hörst du? und für jeden Laut einen Repräsentanten (z. B. Muggelstein) in Schreibrichtung legen.
- Bestimmen der Lautposition eines gesprochenen Wortes: zur Aktivierung aller Schüler, jeder einen Lautfisch oder eine Lautlok (vgl. ebd., 29 f.), einen Lautzug (vgl. Wemmer 2018 2, 9) oder eine

dreigeteilte Lautmaus, wobei jeweils Anfang (Anlaut), Mitte (Inlaut), Ende (Auslaut) hochgehoben wird.

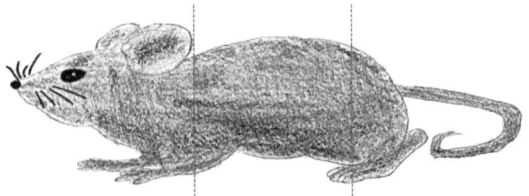

Abb. 19: Lautmaus (Zeichnung Liana Haas)

- Vokalersetzungen üben, z. B. mit »Drei Chinesen mit dem Kontrabass«.
- Verwendung von Lauthandzeichen (Phonembestimmtes Manualsystem) und Laute mit Handzeichen synchron verwenden.
- Mundbilder zu den Lauten bilden und im Spiegel betrachten (Wie sehen deine Lippen/Zähne/Zunge beim Laut ... aus?) –nur bei Lauten, deren Artikulation sichtbar ist (wie *a, f, l*).

Exkurs: Lauthandzeichen? – Ja, unbedingt!

Handzeichen, Lautgebärden oder Lauthandzeichen genannt, bieten die Möglichkeit, die eigene Aussprache bewusster wahrzunehmen. Sie sind als »Zwischenschritt in der Übersetzung der Aussprache in die Schriftsprache« (Crämer/Schumann 1999, 310) zu verstehen, da sich Körperbewegungen – im Sinne eines Lernens mit allen Sinnen – leichter einprägen als die abstrakte Form des Buchstabens. Sinnvoll sind Lauthandzeichen, die »die Mundstellung oder die Artikulationsstelle« (ebd.) anzeigen und die nicht nur die Form des Buchstabens nachbilden oder gar Assoziationen wecken. Ziel ist die Unterstützung der Lautwahrnehmung bzw. der auditiven Analyse. Lauthandzeichen müssen durch den Einbezug aller Sinne als Entlastung – und nicht als Belastung – für das Arbeitsgedächtnis gesehen werden. Gerade Kinder mit auditiven Wahrnehmungsproblemen profitieren in hohem Maße von Lauthandzeichen, da das Hören durch einen visuellen Impuls unterstützt wird. Kinder mit Lernbeeinträchtigungen erzielen mit Lauthandzeichen signifikant bessere Ergebnisse im Schriftspracherwerb. Bei der konkreten Umsetzung ist zu beachten, dass die Lauthandzeichen nicht nur an der Lautbildung orientiert sind und einen emotionalen Bezug durch gemeinsames Experimentieren haben, sondern auch, dass sie mit einer Hand darstellbar sind und mehrfach verankert werden sowie gut voneinander unterscheidbar sind (vgl. Reber/Schönauer-Schneider 2014, 68 ff.).

Reber/Schönauer-Schneider verweisen generell darauf, dass möglichst spezifisch geübt werden muss. Das bedeutet statt unspezifischer Wahrnehmungsübungen mit Geräuschen oder Klängen Wortmaterial auszuwählen, bei dem beispielsweise richtige *sch*-Laute von falschen *sch*-Lauten unterschieden werden müssen. Außerdem gibt sie den Hinweis, dass Schüler mit Schwierigkeiten in der Lautwahrnehmung vom Fremdhören häufig mehr profitieren. Es fällt ihnen leichter, als in der eigenen gesprochenen Sprache Laute wahrzunehmen. Als Zwischenstufe empfiehlt sie Aufnahmen auf einem Diktiergerät oder dem Computer (vgl. Reber 2017, 71).

Häufig bieten die gängigen Lehrmaterialien zu wenig Übungsvielfalt für Kinder mit erhöhtem Übungsbedarf an, sodass es an den Lehrkräften ist, individuelle Arbeitsmaterialien, die zur Fibel passen, zu erstellen. Das Computerprogram *zabulo* (Reber/Steidel 2016) verfügt über eine große Material-Werkstatt, die es ermöglicht, individuelle Übungen für den Bereich der phonologischen Bewusstheit zu erstellen und an das Leistungsspektrum der Schüler anzupassen.

Neben der phonologischen Bewusstheit im Speziellen fällt Felix durch Probleme in der *Metasprache* auf. Sprachbewusstsein im Unterricht umfasst folgende Punkte (vgl. Bayerisches Staatsministerium für Unterricht und Kultus 2 2012, 61):
- Erkennen von falsch gesprochenen Sätzen → Korrekturtechniken wie Modellierungstechniken übernehmen.
- Erkennen und berichtigen grammatikalischer Versprecher → Eigenkorrekturen üben und anwenden.
- Nachfragen bei Nicht-Verstehen → Beobachtungshinweise geben, Fragehaltung als Unterrichtsprinzip.
- Veränderung von Sprache, wenn sie vom Zuhörer nicht verstanden wurde → Formate für Sprache geben, Sprachvorbild sein.
- Sprechen über sprachliche Phänomene und Regelhaftigkeiten unter Verwendung von Fachbegriffen → Sprache in neuen Sachzusammenhängen verwenden.

- Intentionen von Äußerungen erkennen → Ironie, Witz, Sarkasmus gemeinsam besprechen.

Verschiedene Techniken metasprachlichen Arbeitens werden u. a. von Reber/Schönauer-Schneider 2014 und Reber 2017 zusammengefasst

Technik	Erklärung	Beispiel
Sprachliche Erklärung	Schüler und Lehrer sprechen über ein sprachliches Phänomen.	Erklären und Reflektieren eines Begriffs durch Umschreibungen, Synonyme, Erfassen von Teilaspekten, die vervollständigt werden
Sprachliche Kontrastierung	Zwei Laute/Wörter/Sätze werden einander gegenübergestellt.	Topikalisierungen »Der Mann zieht das Kind.« versus »Den Mann zieht das Kind.«
Visualisierung	Visuelle Darstellung sprachlicher Phänomene durch Bilder, Piktogramme oder Symbole	Z. B. Satz durch Satzkarten legen: Für jedes Wort wird eine Karte gelegt, Satzanfang und Nomen werden dabei durch hochkant gelegte Karten visualisiert.
Schrift	Nutzen von Schrift zum Sichtbarmachen sprachlicher Phänomene	Minimalpaar wie *Tanne – Kanne* verschriften und Anlaut variabel ersetzen

Tab. 4: Techniken metasprachlichen Arbeitens (nach u. a. Reber/Schönauer-Schneider 2014, 54f. und Reber 2017, 102f.)

Fachbegriffe sollten im Unterricht der Primarstufe mit Bedacht ausgewählt und verwendet werden. Gerade im Erstlese- und -schreibunterricht taucht eine Vielzahl an Begriffen auf: Laut, Silbe, Reim, Anlaut, Auslaut, Inlaut, Buchstabe, Vokal, Konsonant, Wort etc. Diese führen nicht selten zu Verwirrungen, weshalb bei Arbeitsaufträgen in Wort und Schrift das Aufgabenverständnis sichergestellt werden muss. Visualisierungen sind hier von besonderer Bedeutung. Zu beachten ist eine einheitliche Visualisierung und eine Reduktion auf die relevanten Begriffe.

Techniken, die Felix unterstützen, lassen sich wie folgt zusammenfassen:
- Unterrichtsimmanente Förderung der phonologischen Bewusstheit im weiteren sowie engeren Sinne,
- Einsatz von Lauthandzeichen,
- Visualisierungen, um das Verständnis zu unterstützen,
- handlungsbegleitendes Sprechen,
- Blickkontakt und Antlitzgerichtetheit, sodass etwaiges Nicht-Verstehen dem Schüler »angesehen« werden kann,
- Übertragen des Gesprochenen in neue Handlungen,
- Sprechen über Sprache.

6.4 Jonas spricht (nicht) mit anderen

Beobachtung einer Partnerarbeit im Sachunterricht – ohne Intervention der Lehrkraft.
Es sprechen Jonas und sein Arbeitspartner:
»Jonas, hast du verstanden, was wir machen sollen?«
»*Ja, klar. Jetzt fang an.*« *(Jonas rollt dabei mit den Augen.)*
»Ich weiß gar nicht, was. Hey, Jonas, warte mal.«
»*Nö, kein Bock. Mach selbst.*« *(Jonas richtet sich auf und blickt seinen Mitschüler drohend an.)*

Beobachtung einer Partnerarbeit im Sachunterricht – mit Intervention der Lehrkraft.
Jonas Arbeitspartner ruft die Lehrkraft zu sich:
»Jonas hat einfach schon angefangen. Er will gar nicht mit mir arbeiten. Er hat mir nicht gesagt, was ich tun soll.«
Die Lehrkraft spricht Jonas darauf an und fordert ihn zur Zusammenarbeit auf.
»*Ja.*« *(Jonas hält seinen Blick gesenkt und sitzt mit nach vorne gefallenen Schultern da.)*

Stichpunktartige Verhaltensbeobachtung der Ergebnisse der o. g. Partnerarbeit durch die Lehrkraft:
→ Jonas steht mit dem Rücken an die Tafel angelehnt.

→ Er liest unbetont vom Blatt ab, schaut keinen Mitschüler an.
→ Jonas spricht leise, verwaschen.
→ Er spricht schwer verständlich, unvollständige Sätze.
→ Auf Nachfragen antwortet er nicht, schaut auf den Boden.
→ Körperhaltung: schlaffe Schultern, Hände verschränkt.

Welche Charaktereigenschaften ordnen Sie Jonas am ehesten zu?

○ durchsetzungsstark   ○ aggressiv
○ kooperativ   ○ gleichgültig
○ selbstbewusst   ○ impulsiv
○ schüchtern   ○ unsozial
○ dominant   ○ hinterhältig
○ unsicher   ○ unberechenbar

6.4.1 Welches Verhalten zeigt Jonas?

Jonas fällt durch ambivalentes Verhalten auf. Im Umgang mit einem Mitschüler (und ohne Lehrkraft) agiert er dominant, zielstrebig und eigenwillig. Er nimmt keine Rücksicht auf den Mitschüler. Als Ressource ist zu erkennen, dass Jonas mit seinem Arbeitspartner – wenn auch eigenwillig – spricht. In Anwesenheit der Lehrkraft wirkt er sprachlich gehemmt. Er spricht leise und in einfachen dysgrammatischen Sätzen. Auf Nachfragen reagiert er nicht, Jonas verfügt über kein adäquates Zuhör- und Gesprächsverhalten. Zudem ist seine Körperhaltung Gesprächspartnern gegenüber abgewandt. Er nimmt eine sehr große körperliche Distanz als Zuhörer und Sprecher (auffällige Proxemik als Element der nonverbalen Kommunikation) ein. Jonas Gesicht spiegelt kaum erkennbare Gefühlsregungen, sodass seine Aussagen mimisch und auch gestisch nicht untermalt werden. Zusammenfassend lässt sich feststellen, dass Jonas in der nonverbalen (Gestik, Mimik, Proxemik) und verbalen Kommunikation (Zuhör- und Gesprächsverhalten, Sprechen in Lernsituationen) auffällt. Hinzu kommen Probleme in den Bereichen Aussprache, Wortschatz sowie Satzbau. Außerdem scheint Jonas ein hohes Störungsbewusstsein für seine eigenen sprachlichen Äußerungen zu haben. Insbesondere bei Nachfragen und im Umgang mit verbal offensichtlich kompetenteren Sprechern (Erwachsene/Lehrkraft) verweigert er sprachliche Äußerungen. Aus Kapitel 3 ist bekannt, dass Jonas in seinem häuslichen Umfeld seine kognitive Überlegenheit gegenüber der Mutter spürt und sich dementsprechend verhält. Jonas scheint über eine entsprechende Intelligenz zu verfügen, wobei ihm im Umgang mit anderen bewusst wird, wann er kognitiv und sprachlich unterlegen ist.

6.4.2 Konsequenzen für den Unterricht

Jonas braucht Hilfestellungen im Bereich der nonverbalen Kommunikation. Deren Aspekte stehen in engem Zusammenhang mit Emotionen, weshalb Kinder wie Jonas von Förderansätzen im emotionalen Bereich profitieren (vgl. Kap. 7.4). In sprachlichen Lernsituationen lässt sich der nonverbale Bereich beispielsweise durch folgende Möglichkeiten üben:

- Rollenspiele: zunächst in Kleingruppen, sodass jeder Schüler eine Aufgabe hat und es keine Beobachter gibt, die Kinder mit hohem Störungsbewusstsein verunsichern können; Spiele wie »Telefonieren« anbieten, damit Schüler etwas zum Festhalten in der Hand haben.
- Realsituationen wie Einkaufen, nach dem Weg fragen, im Sekretariat etwas holen – und zum Beispiel auf Höflichkeitsfloskeln und Blickkontakt fokussieren.
- Pantomimische Übungen: Arbeitsauftrag pantomimisch vorgeben oder ihn von den Schülern so wiederholen lassen; Handlungen pantomimisch begleiten; Stummfilme anschauen – was meint diese Person und woran erkenne ich/du das?
- Gesten sprachlichen Inhalten zuordnen.
- Arbeit mit Spiegeln: Präsentation zuvor vor dem Spiegel üben.
- Gesichtsausdrücke erkennen und emotionalen Inhalten zuordnen.
- Vorbildcharakter der Lehrkraft: Mimik und Gestik betont einsetzen und erklären.
- Körperhaltung über Bilder bewusst machen, Präsentation exemplarisch darstellen – wie stelle ich mich hin, welche Körperhaltung nehme ich ein, welcher Abstand ist ausreichend/zu viel etc.

Exkurs: Nähe-Distanz-Verhalten
Neben der Sprache ist die Körperhaltung bzw. Körpersprache entscheidend in Kommunikationssituationen. Die Körperhaltung drückt aus, wie sich ein Mensch gerade fühlt. Ein immer abgewandter Schüler fühlt sich sicherlich nicht wohl, und dies wird sich verschlimmern, wenn die Lehrkraft ihm zu nahekommt und in seinen Distanzbereich eintritt. Daher zur Orientierung Richtwerte für das Nähe-Distanz-Verhalten (vgl. Bayerisches Staatsministerium für Unterricht und Kultus 2 2012, 50):
- intime Distanz: ca. bis 0,5 m
- persönliche Distanz: ca. 0,5–1 m
- gesellschaftliche Distanz (weniger bekannte Menschen): ca. 1,5 m–3 m
- öffentliche Distanz: ab ca. 3 m

Im verbalen Kommunikationsbereich gilt es ein kommunikationsförderndes Milieu zu etablieren. Ziel ist in einem positiven Gesprächsklima die Würdigung jeder sprachlichen Äußerung oder mimisch-gestischen (Re)Aktion (vgl. hierzu Kap. 6.2). Klare Gesprächs- und Zuhörregeln helfen beim Verstehen von Sprache. Reber/Schönauer-Schneider empfehlen positiv und klar formulierte sowie kommunikativ bedeutsame Regeln (vgl. 2017, 30)
– Gesprächsregeln: Ich höre gut zu. – Ich bin leise. – Ich melde mich.
– Zuhörregeln: Ich sitze gut. – Ich schaue den Sprecher an. – Ich denke mit.
– Monitoring-Regel: Ich frage nach.

Neben Gesprächsdisziplin wird die Fokussierung auf eine Regel für einen überschaubaren Zeitraum empfohlen, da so deren Einhalten erleichtert wird (vgl. ebd.). Zudem wird durch die Beschränkung auf eine Regel das Arbeitsgedächtnis, insbesondere von Schülern mit Lernbeeinträchtigungen, entlastet.

Sprech- und Zuhörförderung findet häufig in freien Erzählsituationen wie dem Morgen- oder Wochenendkreis statt. Kinder mit hohem Störungsbewusstsein profitieren von alternativen Erzählformen, die nicht in großen Gruppen stattfinden. So bieten sich das

Erzählen in Partnerarbeit und das anschließende Nacherzählen der Erlebnisse des Partners, Erzählen in Gruppenarbeit oder Erzählen im Kugellager (auch Doppelkreis genannt) an. Für offene Situationen sind Satzeinstiegshilfen und Satzmuster hilfreich, um Sprache anzuleiten und zu fördern. Es ist sinnvoll, verschiedene Satzanfänge oder Satzstarter auf Wortkarten zu schreiben bzw. zu drucken und diese in allen Unterrichtsfächern zu verwenden.

Beispiele für Satzeinstiegshilfen und Satzstarter (vgl. u. a. Reber/Schönauer-Schneider 2017, 40):
- Ich glaube/vermute/finde, dass …
- Ich sehe …
- Ich bin heute …, weil …
- Zuerst/Dann/Danach/Am Ende …
- Vielleicht …
- Ich mache/Meine Aufgabe ist …

Von diesen Mustern und Startern profitieren auch Kinder mit Schwierigkeiten in der Semantik und Grammatik, so wie Jonas.

Sprechen und Sprache in Lernsituationen zu erleichtern und zu unterstützen, ist eine weitere Aufgabe im Unterricht. Dies erfolgt zum Beispiel durch die bereits geschilderte Verwendung von Satzeinstiegshilfen im freien Unterrichtsgespräch. Teamarbeiten und Präsentationen müssen durch die Erarbeitung von Kriterien schrittweise angebahnt werden, dazu gibt es mittlerweile eine Vielfalt an Materialien, die in Form von Trainingsspiralen helfen, Methodenkompetenzen aufzubauen.

Eine Verankerung des Prinzips »Fragen sind toll!« (Reber/Schönauer-Schneider 2017, 31) führt zur Etablierung einer Frage- und Nachfragekultur, in der es selbstverständlich ist, auf Fragen seitens der Lehrkraft und der Schüler zu antworten und diese ernst zu nehmen. Gerade im inklusiven Unterricht müssen gezielte(s) (Nach-)Fragen als etwas Positives verstanden werden und selbstverständlich in die Haltung der Schüler und Lehrkräfte übergehen. »*Nicht:* Jetzt fragst du schon wieder! Hast du nicht aufgepasst? *Sondern:* Toll, dass du fragst!« (ebd.). Aber auch dieses (Nach-)Fragen muss trainiert und durch Selbstinstruktion angeleitet werden. Wichtig ist auch hier die Visualisierung der Schritte, beispielsweise durch Piktogramme.

Kinder mit sprachlichen Auffälligkeiten profitieren von einer Sprachförderung, die alle Modalitäten einschließt: Rezeption, Reproduktion, Produktion, Metasprache und Anwendung im Lesen und Schreiben. Dieses »Multiperformanzprinzip« (ebd., 32) im Sinne eines Wechselspiels von Hören, Sprechen, Lesen und Schreiben lässt sich nicht nur im Deutschunterricht umsetzen. Ziel muss es sein, in allen Unterrichtsfächern sprachliche Förderung zu integrieren, da Sprechen in Lernsituationen immer geschieht.

Abschließend muss auf die Wichtigkeit des positiven Verstärkens jeder sprachlichen, mimischen und gestischen Äußerung hingewiesen werden. Vor allem Kinder mit hohem Störungsbewusstsein reagieren sensibel auf den Umgang mit ihrer sprachlichen Äußerung und profitieren in hohem Maße davon. Allerdings gibt es auch immer wieder Schüler, die sich gerade durch positive Verstärkung und Lob verunsichert fühlen, da sie dieses mit ihrem negativen Selbstkonzept nicht vereinbaren können. Bei diesen gilt es, die Technik des Spiegelns einzusetzen. Ziel des Spiegelns ist eine beschreibende Rückmeldung des Verhaltens oder der Leistung. Spiegel-Sätze enthalten kein Lob und sind im Idealfall so aufgebaut (vgl. Bergsson/Luckfiel 2012, 56):
1. Beschreibung des Verhaltens,
2. Erinnerung an den Fortschritt oder die Bestätigung,
3. Aufrechterhaltung der Anforderung.

Auf Jonas übertragen könnte dies sein »Du hast fünf ganze Sätze zu eurem Thema erzählt.« Jonas wird nicht direkt gelobt, er erhält aber eine Bestätigung und Rückmeldung im Sinne von »Schau her, du kannst etwas (…), du machst Fortschritte – und ich bemerke das« (ebd.). Aus diesen abschließenden Ausführungen wird der enge Zusammenhang zu sozio-emotionalen Komponenten von Sprache deutlich, die vor allem Jonas zeigt. Mehr dazu in Kap. 7.4.

 Weiterführende Literaturempfehlungen

Eßer-Mirbach, D.: Lernen lernen – konkret! 1/2
Reber, K./Schönauer-Schneider, W. (2014): Bausteine sprachheilpädagogischen Unterrichts
Reber, K./Steidel, M. (2016): zabulo
Wemmer, K. (2018): Übungen zur phonologischen Bewusstheit Band 1–3

7 Emotionen und soziale Kompetenz

7.1 Definition

Im letzten großen Bereich sind Emotionen und das soziale Handeln die Themenschwerpunkte.

Der Oberbegriff der Emotion umfasst Gefühlszustände wie Trauer, Mitleid, Freude, Ärger, Hass oder Angst. Emotionen sind dabei als tiefgreifende Prozesse zu verstehen, die eine körperliche und/oder seelische Veränderung mit einem starken Erregungszustand nach sich ziehen (vgl. Schaub/Zenke 2002, 170). Diese affektiven Prozesse bzw. Erregungszustände bilden dabei die Grundlage motivationalen Handelns (vgl. Bundschuh 2007, 56) und sind somit von großer Relevanz für Lernprozesse in und außerhalb des schulischen Kontextes. Im schulischen Kontext sind Emotionen im Rahmen einer intrinsischen Motivation wünschenswert. Emotionen umfassen verschiedene Dimensionen (Stärke vs. Valenz) und beinhalten einen qualitativ-gefühlsmäßigen sowie kognitiven Aspekt (vgl. Spitzer 2014, 157). Der bayerische Rahmenlehrplan verortet unter dem Dach der Emotion die Punkte des emotionalen Erlebens, des Selbstbilds und der Empathie (vgl. Bayerisches Staatsministerium für Unterricht und Kultus 2012, 34). Die Auseinandersetzung mit dem Begriff der Emotion zeigt auf, dass es sich um ein komplexes und hochsensibles Gefüge handelt, für das die Wissenschaft verschiedene Definitionen hat. Es wird aber auch deutlich, weshalb Emotionen im Kontext des Lernens eine so große Rolle spielen. In den folgenden Fallbeispielen liegt der Fokus auf der emotionalen Befindlichkeit von Schülern. Lernprozesse und Lernerfolg hängen vom emotionalen Zustand des Lernenden ab und verdeutlichen die untrennbare Einheit von Lernen, Emotionalität und individuellen Bedürfnissen (vgl. Bundschuh 2007, 56). Die neurowissenschaftliche Lernforschung nach Spitzer sieht in den

Emotionen einen möglichen »Widersacher des Verstandes« (Spitzer 2014, 171), den es zu berücksichtigen und umzukehren gilt. Hier muss auf die humanistische Psychologie nach Maslow rückgegriffen werden. Nach Maslows Bedürfnispyramide kann ein Individuum dann lernen, wenn seine Grundbedürfnisse (physiologische Bedürfnisse nach Nahrung und Wärme, aber auch emotionale Aspekte wie Zuwendung und Nähe) erfüllt sind. Durch die Befriedigung können die Wachstumsbedürfnisse, welche die Selbstverwirklichung im Sinne des Lernens inkludieren, umgesetzt werden (vgl. Bundschuh 2007, 57).

Emotionen sind Veränderungsprozesse mit motivationalem Charakter.

Emotionen stellen die Basis für Lernprozesse dar und stehen in engem Zusammenhang mit der Fähigkeit des sozialen Handelns. Die Grundlage sozialen Handelns ist das soziale Verhalten, welches die Regulation des eigenen Verhaltens in Abhängigkeit von den Erwartungen und Reaktionen anderer meint (vgl. Schaub/Zenke 2002, 518). Für den schulpädagogischen Kontext lassen sich die Unterpunkte Team- und Gemeinschaftsfähigkeit, Konfliktfähigkeit sowie Umgangsformen und Tugenden unter sozialem Handeln subsumieren (vgl. Bayerisches Staatsministerium für Unterricht und Kultus 2012, 34). Hierbei liegt der Fokus auf dem sozialen Umgang (soziales Verhalten und Handeln in einer Gruppe), für dessen Meisterung wiederum emotionale Kompetenz notwendig ist (vgl. Staatsinstitut für Schulqualität und Bildungsforschung 2014, 185). Soziales Handeln, Verhalten und Umgang kann somit als soziale Kompetenz zusammengefasst werden.

Soziale Kompetenz reguliert und adaptiert das eigene Verhalten in Interaktionsgeschehen

Die Erklärungen zu Emotionen und sozialer Kompetenz zeigen ein vielschichtiges Gefüge auf, welches sich meist intraindividuell abspielt. Im schulischen Kontext fallen diese Bereiche dann auf, wenn sie eine maladaptive Färbung annehmen. Es wird schnell vom

Konstrukt der Verhaltensstörung – Verhaltensauffälligkeit – Verhaltenskreativität – Verhaltensoriginalität gesprochen. Nach Myschker liegt eine Verhaltensstörung vor, wenn – unter anderem – die Lern- und Arbeitsfähigkeit sowie das Interaktionsgeschehen mit der Umwelt beeinträchtig sind (vgl. Myschker 2009, 49). Möglicherweise erscheint dieser Aspekt für eine Praxishandreichung bei Kindern mit Lernbeeinträchtigungen dem ein oder anderen nicht relevant. Hier sei aber wieder auf die »Trias [der Förderschwerpunkte Lernen, Sprache und Verhalten mit ihrer] verstärkend-verfestigenden Wechselwirkung« (Schor 2001, 25) verwiesen. Ebenso gilt es, die erschwerte Lebenssituation, in der die Grundbedürfnisse von Kindern nicht erfüllt werden (können), als elementaren Bestandteil des Konstrukts der Lernbeeinträchtigungen zu berücksichtigen (vgl. hierzu Kap. 1). Die Mehrzahl der Schüler mit dem Förderschwerpunkt sozial-emotionale Entwicklung werden an der allgemeinbildenden Schule unterrichtet (vgl. Hillenbrand 2011, 22), sodass schlussendlich die Miteinbeziehung von Verhaltensschwierigkeiten gerechtfertigt ist. Alfred Adlers Aussage »Bevor ein Kind Schwierigkeiten macht, hat es welche« (in Bornebusch et al. 2014, 10) bringt auf den Punkt, welche Auswirkungen Verhaltensschwierigkeiten für das pädagogische Arbeiten in der Schule haben. Aus neurobiologischer Sicht untermauert Spitzers Feststellung »Aus Erlebnissen der Seele werden Spuren im Gehirn« (2014, 3) die Berücksichtigung von Emotionen und die Förderung der sozialen Kompetenz im Unterricht. Insbesondere deshalb, da Schüler mit einer erschwerten Lern- und Lebenssituation dadurch nicht nur vor eine Herausforderung gestellt werden, sondern somit auch eine Chance zur Entwicklung dieser Fähigkeiten erhalten, wenn die kooperativen und offenen Unterrichtsformen entsprechend strukturiert und adaptiert werden (vgl. Souvignier 2007, 142).

Emotionen und soziale Kompetenz zeigen sich vor dem Hintergrund der erschwerten Lebenssituation als große Chance und große Herausforderung.

Abb. 20: Emotionen und soziale Kompetenz (eigene Darstellung)

7.2 Lilly möchte jetzt nicht – das hat sie doch gesagt

Lilly kennen Sie aus Kapitel 5.4. Im Beispiel war bereits angedeutet, dass sie oft ihren eigenen Kopf hat.

> Auf dem Pausenhof hat Lilly noch fröhlich gespielt, jetzt trödelt sie ins Klassenzimmer, während alle anderen Schüler bereits sitzen und ihre Arbeit erledigen. Sie begrüßt die Lehrerin höflich, setzt sich dann an ihren Platz und tut nichts. Nach einigen Minuten geht die Lehrerin bei Lilly vorbei und schiebt auffordernd die Aufgabe direkt vor sie hin.
> »Ich will nicht.«
> Lilly taucht in ihren Schulranzen ab. Die Lehrerin kümmert sich zuerst um ein anderes Kind, kehrt dann jedoch zu der herumblickenden Lilly zurück
> »Du bist bereits sehr spät. Fang bitte an zu arbeiten.«
> Lilly blickt die Lehrerin direkt an uns sagt ganz ruhig:
> »Ich habe Ihnen schon gesagt, dass ich nicht arbeiten will!«
>
> Welche Möglichkeiten hat die Lehrerin zu reagieren?
> O Sie geht, irgendwann fängt Lilly schon von selbst an. Sie hat auch noch andere Schüler, die sie brauchen.
> O Sie sagt Lilly, dass sie alles, was sie nicht schafft, als Hausaufgabe nachholen muss und geht dann.

- ○ Sie bleibt vor Lilly stehen und wartet so lange, bis diese anfängt zu arbeiten.
- ○ Sie wird laut. Lilly muss erkennen, wer im Klassenzimmer das Sagen hat.
- ○ Sie fragt nach, warum Lilly nicht arbeiten will.

Da dieses Verhalten von Lilly öfter und in unterschiedlichen Situationen auftritt, ist davon auszugehen, dass die Ursache weder aus einem Konflikt am Morgen noch aus einer Überforderung durch die Aufgabenstellung resultiert. Auch mit ihrer Lehrerin kommt Lilly im Normalfall gut aus. Die Mutter berichtet von ähnlichen häuslichen Konflikten.

7.2.1 Welches Verhalten zeigt Lilly?

Oppositionelles Verhalten tritt häufig bei jüngeren Kindern im Vorschulalter und der Eingangsphase der Grundschule auf. Man versteht darunter »eine generelle Verweigerungshaltung, die sich in verbalen Äußerungen und Verhaltensweisen gegenüber Erwachsenen zeigt« (Petermann et al. 2016, 11). Dieses Verhalten wird von den Autoritätspersonen als negativ, provokant, trotzig oder sogar feindselig empfunden. Ein Kind mit oppositionellem Verhalten wird schnell wütend oder ärgerlich, es reagiert boshaft, ist aber auch empfindlich. Es streitet sich schnell mit Kindern und Erwachsenen und verhält sich dabei beleidigt und nachtragend. Die Anweisungs- und Regeleinhaltung fällt ihm schwer, es wird sogar absichtlich dagegen verstoßen. Eigenes Fehlverhalten zu erkennen, fällt ihm sehr schwer (vgl. ebd.).

Weitere Verhaltensschwierigkeiten, die oft gekoppelt mit oppositionellem Verhalten auftreten, sind:
- Hyperaktivität, Impulsivität und Unaufmerksamkeit,
- Schulschwierigkeiten (in Bezug auf Sprache, Lernen und natürlich Verhalten),
- mangelnde soziale Kompetenz,
- Ablehnung durch Gleichaltrige,
- Selbstwertprobleme und Depressivität,
- Eltern-Kind-Konflikte,
- Belastete Beziehung zu weiteren Bezugspersonen (vgl. ebd., 15 ff.).

Viele dieser Punkte treffen auch auf Lilly zu. Zunächst kommt sie absichtlich spät in den Unterricht. Den ritualisierten Schulbeginn mit ihrer Arbeitsaufgabe verweigert sie und geht nach der zweiten Aufforderung ihrer Lehrerin in die direkte Konfrontation.

Bei jedem größeren auftretenden Konflikt dieser Art beraubt sich Lilly kostbarer Lern-/Pausen- oder Spielzeit. Dass Lilly Schulschwierigkeiten hat oder bekommen wird, ist naheliegend.

Ihr Verhalten erfordert immer direkte Zuwendung durch die Lehrkraft. Oft wird der Unterricht dadurch erheblich gestört und der Fokus weg von Lerninhalten auf negatives Verhalten gelenkt. Selbstredend, dass diese Konflikte nicht spurlos an der Beziehung zur Lehrerin vorbeigehen.

Es ist davon auszugehen, dass sich diese ständigen Auseinandersetzungen mit Bezugspersonen auch auf Lillys Selbstbild negativ auswirken.

Lilly hat keine Probleme mit Hyperaktivität, dafür jedoch mit Impulsivität (vgl. Kap. 5.4).

7.2.2 Konsequenzen für den Unterricht

Spiegeln (vgl. Kap. 6.4) hilft Lilly, sich realitätsnah einzuschätzen und zu erfahren, wie andere ihr Verhalten wahrnehmen.

Es ist zudem von größter Bedeutung, dass Lilly begreift, dass jedes Verhalten von ihr eine Konsequenz nach sich zieht. Der Kausalzusammenhang »wenn …, dann …« bildet nicht nur die Basis jedes erzieherischen Handelns, sondern ist auch Grundlage der Verlässlichkeit für Lehrer und Schüler (vgl. Harms 2014, 62).

> Regeln sind nicht da, um einzuschränken. Sie schaffen Handlungssicherheit und Klarheit für Schüler und Lehrer!

Dazu *einige Regeln,* die nicht nur bei Schülern mit Schwierigkeiten im Verhalten eingehalten werden müssen:
- Wenige, aber klare Regeln aufstellen.
- Begründung von Regeln (als Ausdruck von Wertschätzung und Transparenz; Ziel: Regel soll aus Einsicht eingehalten werden, nicht aus Angst vor Strafe).

- Kind loben, wenn es etwas gut gemacht hat (insbesondere bei der Einhaltung von Regeln).
- Konsequent sein, wenn Kind Regeln übertritt, ohne dabei nachtragend zu sein (Gutmütigkeit ist hier fehl am Platz).
- Positive Beziehung zum Kind stärken (da die Beziehung ja oft belastet ist).

Natürlich reicht das Aufstellen von Regeln allein nicht aus. Sie müssen eingefordert werden.

Ganz wichtig ist, dass oppositionelles Verhalten nicht zum Ziel führen darf (vgl. Petermann et al. 2016, 28)!

Doch warum übertritt ein Schüler überhaupt die Regeln? Jeder Mensch verhält sich so, dass er seine eigene Befindlichkeit (möglicherweise auch nur temporär) verbessern kann. Es kann entweder sein, dass er einen unerwünschten Zustand loswerden möchte oder dass er einen angenehmeren Zustand erreichen will (vgl. Harms 2014, 21). Es findet also immer eine (bewusste oder unbewusste) Kosten-Nutzen-Abwägung statt.

Um gewünschtes Verhalten häufiger zu erreichen, werden zuerst *positive Konsequenzen* genutzt. Dabei sollte das erwünschte Verhalten kleinschrittig angebahnt werden:
- erreichbare, einfache Ziele aufstellen,
- positive Formulierung des gewünschten Verhaltens,
- unmittelbare Rückmeldung auf das gezeigte Verhalten geben.

Zeigt der Schüler das gewünschte Verhalten, soll er eine Belohnung bekommen (z. B. Lob, Tischziel, Token, Spielzeit, ...).

Exkurs: Tischziel
Ein Tischziel ist ein verschriftetes Ziel, das auf dem Tisch des Schülers klebt. Es gilt nur für eine bestimmte Zeit (max. 4 Wochen) und ist speziell für dieses Kind. Das Tischziel ist so gesteckt, dass es der Schüler mit Anstrengung gut erreichen kann. Hat er es erreicht, erfolgt eine Belohnung.

Mein Ziel: Wenn ich ins Klassenzimmer komme, fange ich sofort mit der Morgenarbeit an!					
Mo	Di	Mi	Do	Fr
☺	☹			

Abb. 21: Mein Tischziel 1 (eigene Darstellung)

Mein Ziel: Wenn ich ins Klassenzimmer komme, fange ich sofort mit der Morgenarbeit an! 10 ☺								
☺	☺	☺	☺					

Abb. 22: Mein Tischziel 2 (eigene Darstellung)

Die Belohnung sollte zeitnah erreicht werden können, damit der Schüler erkennt, dass es sich für ihn lohnt, das gewünschte Verhalten zu zeigen (vgl. Harms 2014, 65 f.).

Es ist selbstredend, dass die Belohnung auch tatsächlich als etwas Tolles und Erstrebenswertes verstanden werden muss.

Exkurs: Richtig loben

Im Schnitt wird in der Schule öfter kritisiert als gelobt. Eigentlich kontraproduktiv, lässt sich doch durch Lob und Anerkennung viel besser motivieren als durch Schimpfen. Allerdings muss Lob auch in der richtigen Art und Weise geschehen, sonst kann es ineffektiv sein und sogar das Gegenteil bewirken (vgl. Lohmann 2015, 108 f.). Einige Merkmale für effektives Lob:
- *Spiegeln*
  (Beschreibung zu unmittelbarer und spezifischer Situation)
  → Lilly, als du ins Klassenzimmer gekommen bist, hast du sofort mit der Morgenarbeit begonnen.
- *Anstrengung und Fortschritt*
  (Rückmeldung über Grad des Erreichten)
  → Du hast dich heute sehr angestrengt und hart gearbeitet. Du hast deine Morgenarbeit heute fertig geschafft. Das ist super! Oder:
  → Letzte Woche hast du viel getrödelt und nur zwei Morgenaufgaben geschafft. Diese Woche warst du sehr fleißig – du hast fünf Morgenaufgaben geschafft!

- *Persönliche Reaktion*
  (persönliche Anteilnahme, Emotion des Lehrers)
  → Lilly, du hast mit der Morgenaufgabe sofort angefangen. Das finde ich toll!
- *Ermutigung*
  (Vertrauen in die eigenen Fähigkeiten stärken)
  → Denk erst einmal nach, wie die Aufgabe gehen könnte. Ich weiß, dass du darauf kommst.

Manchmal reichen positive Konsequenzen nicht aus, dann müssen *negative Konsequenzen* folgen. Dem Schüler muss von Anfang an klar sein, dass er allein die Verantwortung für sein Handeln trägt. Es ist jedoch sinnvoll, ihm auch innerhalb eines Konflikts immer wieder Türen zu öffnen, um zu erwünschtem Verhalten zurückkehren zu können, ohne sein Gesicht zu verlieren. Geschieht dies nicht, erfolgt die Bestrafung in Ruhe und mit Bestimmtheit.

Ablauf:
- Regelverletzung benennen und Ankündigung einer negativen Konsequenz,
- dem Kind Chancen zum Einlenken geben, falls Verhalten noch andauert,
- negative Konsequenz aussprechen/durchführen.

Genau wie eine positive Konsequenz als tatsächlich positiv empfunden werden soll, muss die negative Konsequenz »wehtun« (vgl. Rhode/Meis 2006, 34).

Doch was, wenn in einem Konflikt die negative Konsequenz ausgesprochen ist, der Schüler aber immer noch mit seinem Verhalten fortfährt? Hier kann das KEB-Modell eine sehr große Hilfe sein:

KEB-Modell: Kontrolliert Eskalierende Beharrlichkeit

Das KEB-Modell von Rhode und Meis besteht aus drei aufeinander aufbauenden Phasen:

Phase 1: Freundliche Bestimmtheit
- Technik der kaputten Schallplatte (freundlich-bestimmtes Beharren auf Einhaltung der Regel)

- Körperliche Präsenz (Herantreten an Schüler, jedoch mit adäquatem Mindestabstand)
- Ruhig, gelassen und freundlich bleiben (Wertschätzung), weder Aggression noch Unsicherheit äußern
- Nicht auf abweichende Argumente oder Diskussion eingehen, Beleidigungen ignorieren
- 40 bis 60 Sekunden durchhalten (vgl. ebd., 114 ff.)

Phase 2: Energische Bestimmtheit
- Klare, einfache Sätze zur Aufforderung, sich an die Regel zu halten
- Technik der kaputten Schallplatte
- Verschärfung von Tonfall und Auftreten, jedoch nicht eskalierend
- Weiter auf Beharrlichkeit und Präsenz setzen
- Kontrahenten in Verantwortung nehmen: Verbindliche Zusage zu regelkonformem Verhalten einholen
- Emotional distanziert bleiben, nicht auf Gegendruck reagieren (vgl. ebd., 128 ff.)

Phase 3: Konsequenzebene
- Wenn möglich: im Vorfeld sinnvolle Konsequenzen überlegen.
- Aussprechen des zweiten Regelverstoßes: Weigerung die Aufforderung zu befolgen.
- Schüler soll wählen: regelkonformes Verhalten oder Konsequenz (Vorsicht: Schüler muss tatsächliche »Wahl« haben, und darf sein Gesicht durch Einlenken nicht verlieren).
- Wenn Schüler Konsequenz wählt, wird Konflikt hier abgebrochen.
- Konsequenz entweder jetzt aussprechen oder ankündigen, dass zu einem zeitnahen, späteren Zeitpunkt eine Konsequenz ausgesprochen wird.
- Immer dem Schüler einen Ausstieg aus dem Konflikt ermöglichen (vgl. ebd., 143 ff.).

Im Falle von Lilly könnte eine Weiterführung des Konflikts wie folgt aussehen:

Lilly blickt die Lehrerin direkt an und sagt ganz ruhig:
»Ich habe Ihnen schon gesagt, dass ich nicht arbeiten will!«

Phase 1:
»Lilly, in der Schule arbeiten und lernen wir. Fang jetzt bitte an zu arbeiten.«
»Ich will jetzt aber nicht! Ich hab doch schon genug gemacht!«
Lilly rutscht auf ihrem Stuhl umher, blickt genervt um sich. Die Lehrkraft wartet geduldig vor Lilly. Sie schiebt Lilly erneut das Arbeitsblatt hin.
»Du übst jetzt weiter und arbeitest.«
»Ich kann das doch sowieso nicht!«

Phase 2:
Die Lehrkraft verringert den Abstand zu Lilly, ihr Ton wird etwas bestimmter, sie hält Blickkontakt.
»Du bearbeitest jetzt dein Arbeitsblatt.«
»Oh Mann! Warum soll ich denn den Scheiß jetzt machen?! Ich hab jetzt einfach keine Lust! Ich mach Ihr scheiß Blatt nicht.«
»Du bearbeitest jetzt dein Arbeitsblatt.«
Lilly verschränkt die Arme und blickt stumm durch die Lehrkraft hindurch.
»Du bearbeitest jetzt dein Arbeitsblatt.«

Phase 3:
Die Lehrkraft verringert den Abstand noch etwas, ihr Ton bleibt gleich bestimmt.
»Ich hab keinen Bock! Immer wollen Sie was von mir, und dann muss ich arbeiten! Sind doch Ihre Blätter, machen Sie die halt allein!«
»Du kannst dich entscheiden, ob du jetzt anfängst zu arbeiten oder ob du eine Konsequenz möchtest. Ich kümmere mich jetzt um andere Schüler. Du hast drei Minuten Zeit, dich zu entscheiden.«
Die Lehrkraft stellt Lilly eine 3-Minuten-Sanduhr auf den Tisch.
»Du hast mit der Arbeit begonnen, wenn die Sanduhr durch ist.«

> Als die Lehrerkraft nach drei Minuten an Lillys Platz zurückkommt, hat Lilly mit der Arbeit noch nicht begonnen. Die Lehrkraft spricht eine zeitnahe Konsequenz aus, die Lilly trifft.

So weit wie im Beispiel kommt es üblicherweise nicht. Das KEB-Modell ist für Schüler sehr unangenehm und schwer auszuhalten (für Lehrer übrigens auch!). Meistens knicken Schüler bereits in Phase 1, spätestens in Phase 2 ein.

Durch die eigene Ruhe und emotionale Distanzierung überträgt sich die eigentlich angespannte Lage nicht auf den Rest der Klasse, und auch der Lehrer bleibt relativ gelassen.

Zudem gibt es auch ein paar Dinge, die es grundsätzlich zu vermeiden gilt:
- Lob und Kritik dem Einzelnen entgegenbringen, nicht vor der Klasse.
- Keine pauschalen Werturteile: wer, wo, was, wann, …
- Vermeidung von Verallgemeinerungen: alle, keiner, immer, dauernd, nie, …
- Keine Vergleiche mit anderen Klassen. (vgl. Lohmann 2015, 109 f.)

Natürlich ist das Aufstellen der Regeln für einzelne Schüler, die Kontrolle und die Belohnung ein erheblicher Mehraufwand für den Lehrer. Die Alternative ist jedoch, kontinuierlich zu schimpfen, sich zu ärgern und frustriert zu sein.

7.3 Daria hört lieber zu

Daria kennen Sie als unauffälliges Mädchen im Unterricht. Ruhige Schüler, die noch dazu Lernbeeinträchtigungen haben, können sich oft auch im sozialen Kontext nicht behaupten.

> Partnerarbeit im Sachunterricht: Die Kinder sollen Bildkarten von Früchten in die Kategorien »Obst« und »Gemüse« sortieren. »Daria, jetzt bist du mal dran.«

»Daria!«
»Alles muss ich allein machen, ich sag's jetzt!«
Die Lehrkraft versucht, im Gespräch mit Daria und ihrem Partner die Situation zu lösen
»Ihr habt doch schon richtig viel geschafft. Daria, zeig mal, wohin du die Tomate legst.«
Daria schweigt lange und nuschelt dann etwas Unverständliches vor sich hin.
»Daria macht nie mit. Immer muss ich alles allein machen. Beim nächsten Mal will ich mit Marco arbeiten!«

Welche Eigenschaften braucht Darias Lernpartner?
O leistungsstark   O leistungsgleich
O eloquent   O dominant
O befreundet mit Daria   O sozial beliebt
O arbeitsscheu   O motivierend
O ergebnisorientierte   O introvertiert
  Arbeitsweise

7.3.1 Welches Verhalten zeigt Daria?

In diese Partnerarbeit bringt sich Daria nicht mit ein. Das hat zur Folge, dass bei ihr auch kein Lernzuwachs entsteht, weder auf der inhaltlichen noch auf der sozialen Ebene. In dieser Form ist die gestellte Aufgabe für Daria also sinnlos und kann gleich gelassen werden. Es gibt drei Möglichkeiten, weshalb Daria nicht mitarbeitet:

- Ungeeignete Partnerwahl → siehe Konsequenzen für den Unterricht.
- Überforderung durch den Lerninhalt → Wäre möglich, schließlich hat Daria eine Lernbeeinträchtigung.
- Mangelnde Lernmotivation → Auch das ist möglich, nach Einhellinger zeigen Schüler mit Lernbeeinträchtigungen im Schnitt eine geringere Lernmotivation (vgl. 2018, 100).

Auch als die Lehrerin nachfragt, möchte Daria verheimlichen, dass sie die Aufgabe eigentlich nicht lösen kann. Offensichtlich hat sie sich nicht getraut nachzufragen und um Hilfe zu bitten. Durch ihre Passivität entzieht sie sich der Anforderung.

Die Schülerin isoliert sich selbst durch ihr Verhalten. Die Ablehnung, die sie von ihrem Mitschüler erfährt, äußert dieser laut, so dass es die gesamte Klasse mitbekommt. Diese umfängliche Zurückweisung wird sich negativ auf ihr Selbstbild auswirken und wird sie weiter hemmen. Es entsteht ein Teufelskreis.

7.3.2 Konsequenzen für den Unterricht

Für Daria einen *geeigneten Lernpartner* zu finden, wird nicht leicht sein. Hat sie einen leistungsmäßig überlegenen Partner, ist es wahrscheinlich, dass er die Aufgabe selbst erledigen wird und sie sich nicht einbringt (wie im Beispiel). Ist ihr der Lernpartner ebenbürtig, ist die Wahrscheinlichkeit höher, dass sich beide Partner beteiligen. Jedoch besteht die Gefahr, dass dieses Team zu keinem Arbeitsergebnis kommt. Dies könnte die Lehrkraft vermeiden, indem sie den Anspruch der Aufgabe reduziert.

> **Exkurs: Didaktische Reduktion**
> In der Schule spricht man von didaktischer Reduktion, wenn die Lehrkraft eine Auswahl an Lerninhalten aus einer großen Stoffmenge trifft. Dies ist besonders zu berücksichtigen bei Schülern mit Lernbeeinträchtigung, da Themen/Aufgabenstellungen/Menge aber auch Inhalt für sie zu komplex/zu schwer zu verstehen sind. Als Konsequenz erhalten diese Schüler eine andere Aufgabe/ein anderes Arbeitsblatt als der Rest der Klasse.

Zudem wird Daria auch einen Lernpartner brauchen, vor dem sie sich nicht schämt, etwas Falsches zu sagen. Er muss sozial kompetent sein, um sie so zur Mitarbeit auffordern zu können. Eine gegenseitige Sympathie wäre also auch Voraussetzung.

Da Schüler bei freier Partnerwahl dazu tendieren, ihre Freunde zu wählen (und nicht danach entscheiden, mit wem sie tatsächlich arbeiten können), ist es anzuraten, wenn die Lehrkraft dies entscheidet.

Um soziale Zusammenhänge in der Klasse besser erkennen zu können, hilft ein Soziogramm. Dabei kann z. B. abgefragt werden, welche

Schüler man gern mag, aber auch, mit welchen man gerne zusammenarbeiten kann. Der Unterschied sollte zuvor geklärt werden. Oft können sich Schüler hierbei recht gut einschätzen und antworten ehrlich.

Realistischerweise muss jedoch auch gesagt werden, dass es nicht einfach werden wird, den perfekten Lernpartner für Daria zu finden. Als Lehrkraft unterliegt man auch noch weiteren Zwängen (andere bedürftige Schüler, Klassengröße, Sitzordnung, Lehrplan, …).

Insofern ist tatsächlich die kritische Frage zu stellen: Kann eine Schülerin wie Daria in einer solchen Unterrichtsform überhaupt profitieren? Wenn diese Frage mit »Nein« zu beantworten ist, wäre eine Einzelarbeit/Partnerarbeit mit der Lehrkraft sinnvoller.

Durch das Anbieten einer Einzelarbeit würde Daria sozial entlastet und ihr somit Stress mit einem Lernpartner erspart.

Liegt Darias Passivität an der Überforderung durch *den Lerninhalt,* wäre die Form der Partnerarbeit zu früh im Lernprozess gewählt (s. Kap. 3.2). Erst wenn die Inhalte verstanden sind, sollten zur Übung und Wiederholung offene Unterrichtsformen gewählt werden (vgl. Simon/Grünke 2010, 43 ff.).

7.4 Jonas hat zwei Gesichter

Jonas haben Sie in Kapitel 6.4 als ein Kind kennengelernt, dass ein sehr ambivalentes Verhalten zeigt. Er agiert im Umgang mit Gleichaltrigen vollkommen anders als mit Erwachsenen, denn Jonas hat zwei Gesichter.

Stichpunktartige Verhaltensbeobachtung in einer Pause
- → Jonas spielt mit drei Mitschülern Fußball, er entscheidet, wer welche Position einnimmt.
- → Ein vierter Mitschüler möchte mitspielen, Jonas reagiert nicht darauf.
- → *Während des Spiels übernimmt Jonas auch die Funktion des Schiedsrichters.*
- → Er fordert die Regeleinhaltung seiner Mitspieler.
- → Jonas hält sich häufig nicht an Spielregeln (Ball im Aus und er spielt weiter, er schubst einen Schüler u. Ä.)

→ Ein Mitspieler sagt, dass Jonas' Ball im Aus war, Jonas läuft mit erhobener Faust los und schlägt zu.

→ Die Pausenaufsicht schreitet ein und stellt Jonas zur Rede: Jonas blickt zu Boden, beginnt zu weinen und äußert nach wiederholtem Nachfragen, dass der andere angefangen hat.

Stichpunktartige Verhaltensbeobachtung einer Gruppenarbeit, die von einem Studenten geleitet wird

→ Jonas hält den Blick gesenkt.

→ Der Student spricht Jonas dreimal an, verstärkt ihn positiv.

→ Jonas antwortet ohne Blickkontakt mit einem kurzen Satz.

→ Aufgabenkarten für die Gruppenarbeit werden verteilt.

→ In einem scheinbar unbeobachteten Moment (der Student wendet sich einem anderen Kind zu) tauscht Jonas seine Aufgabenkarte mit der eines Mädchens aus, indem er sie in den Oberarm boxt und ihr mit dem Zeigefinger droht.

→ Vom Studenten mit der Frage »Wie würdest du dich fühlen, wenn dich jemand mit der Faust bedroht« darauf angesprochen, presst Jonas die Lippen zusammen und schweigt.

Was an Jonas' Verhalten macht ihn für Sie persönlich zu einem »schwierigen Kind«?

○ seine Hinterhältigkeit
○ seine Aggressivität
○ seine Emotionslosigkeit
○ seine Uneinschätzbarkeit

○ verdecktes Handeln
○ Reaktion auf Ansprache
○ ausweichendes Verhalten
○ seine Ambivalenz

7.4.1 Welches Verhalten zeigt Jonas?

Jonas Verhalten differiert in freien (offenen) und gelenkten (strukturierten) Situationen stark. Sein »erstes Gesicht« zeigt Jonas, wenn nur Schüler um ihn sind. Er agiert dominant, tonangebend und rücksichtslos nach dem Motto »survival of the fittest«. Regeln hält er nicht ein und scheint diese bewusst zu übertreten sowie zu missachten. Jonas handelt in Konfliktsituationen aggressiv und auch handgreiflich. Unklar ist, inwieweit er seine eigenen körperlichen Kräfte richtig einschätzen kann (seine Mutter berichtet von körperlichen Attacken ihr gegenüber). Jonas bevorzugt Kampf- und Tobespiele und hat dabei Mit- und Gegenspieler, aber keine verlässlichen Freunde.

In Gegenwart einer Lehrkraft offenbart Jonas sein zweites Gesicht. Er verfügt über geringe kommunikative Kompetenzen in Teamsituationen wie Partner- und Gruppenarbeit. Er wirkt lustlos, unmotiviert und nimmt häufig eine passive Haltung ein. Dies drückt Jonas in einer hypotonen Körperhaltung aus. Erwachsenen gegenüber wirkt Jonas sehr unsicher, was sich in fehlendenden Umgangsformen – wie Blickkontakt aufnehmen oder keine Antwort geben – zeigt. Insgesamt verfügt Jonas über ein geringes Spektrum sichtbarer Emotionen. Seine emotionale Grundhaltung ist abwartend und eine Perspektivübernahme scheint ihm nicht möglich zu sein.

Seine Verhaltensschwierigkeiten zeigen sich schwerpunktmäßig in den Bereichen *Konfliktfähigkeit* und *Emotionalität*. Auffällig ist dabei die starke Schwankung zwischen internalisierendem (in gelenkten) und externalisierendem (in offenen Situationen) Verhalten. Da sich ein Förderbedarf im Bereich Emotionen und soziales Handeln stark auf das Lernen an sich auswirken kann (vgl. Bayerisches Staatsministerium für Unterricht und Kultus 2012, 34) – bedenken Sie die Trias (vgl. Kap. 2.3) – ist eine Unterstützung Jonas im Unterricht dringend notwendig.

7.4.2 Konsequenzen für den Unterricht

Zunächst muss bei Jonas eine *Konfliktwahrnehmung* angebahnt werden. Ziel ist es nicht nur, den Verursacher eines Konfliktes auszumachen, sondern auch die Ursache und Wirkungszusammenhänge, wie Missverständnisse oder Provokationen, zu verstehen. Eine entscheidende Komponente ist hierbei die Perspektivübernahme bzw. der Perspektivwechsel. Diese Fähigkeit, die Kinder in der Regel im Grundschulalter erwerben, kann im Unterricht gefördert werden. Ein sehr bekannter Ansatz ist die »Giraffen- und Wolfssprache«, deren Einführung im Unterricht ab Mitte der zweiten Jahrgangsstufe möglich ist. Sie wurde in Anlehnung an die von Carl Rogers und Marshall Rosenberg postulierte »Gewaltfreie Kommunikation« entwickelt und verfolgt das Ziel einer spielerischen Übung der Perspektivübernahme und der Erweiterung des Wahrnehmungs-

horizonts von Kindern (vgl. u. a. Bundeszentrale für gesundheitliche Aufklärung 2002, 42ff; Rust 2008, 21 ff.):
- Wolfssprache umfasst das vertraute bewertende und interpretierende Denken und steht dabei für all das, was Kommunikation schwierig macht.
- Der Wolf symbolisiert ein ambivalentes Tier, das mal höflich, mal aggressiv handelt.
- Der Wolf schiebt die Schuld auf andere und erwartet Strafe oder Belohnung.
- Giraffensprache ist ganzheitlicher und beinhaltet Gefühle und Bedürfnisse, sie macht Kommunikation leichter.
- Die Giraffe sagt, was sie braucht und zeigt Gefühle. Ihr Verhalten ist geprägt von Ehrlichkeit.
- Die Giraffe geht davon aus, dass jeder frei wählen und angstfrei entscheiden kann.

Die frei erhältliche Handreichung »Achtsamkeit und Anerkennung« der Bundeszentrale für gesundheitliche Aufklärung enthält die schrittweise Einführung der Giraffen- und Wolfssprache im Unterricht mitsamt Kopiervorlagen.

Nur durch die adäquate Konfliktwahrnehmung ist anschließend die *Konfliktlösung* möglich. Kinder wie Jonas sind in den seltensten Fällen dazu in der Lage, ihre Konflikte eigenständig und angemessen zu lösen; sie benötigen die Hilfestellung der Lehrkraft. In Abhängigkeit des Alters ist die Konfliktlösung auch durch speziell ausgebildete Streitschlichter möglich. Das sind Laien, die als Mediatoren zu verstehen sind; sie entlasten durch das Schlichtungsangebot von Alltagskonflikten die Lehrkräfte und übernehmen somit Verantwortung für das Schulleben. In einem Trainingsprogramm erwerben und erlernen die künftigen Streitschlichter Konflikt- und metakommunikative Kompetenzen sowie die einzelnen Phasen eines Mediationsprozesses, die es ihnen ermöglichen sollen, Konflikte zu schlichten (vgl. Jefferys-Duden 2014, 4 ff.).

Agierend nach dem Prinzip *Störungen haben Vorrang* (vgl. Kap. 3.1.1), braucht es ausreichend Zeit für die Konfliktlösung. Es macht wenig Sinn, die Lösung eines Streits auf das Ende des Schultags oder gar den nächsten Tag zu verlagern. Durch die hohe emo-

tionale Beteiligung bei einem Streit können sich Schüler nicht auf Lerninhalte einlassen, da diese durch die vorhandenen Gefühle überlagert werden. Konfliktlösung ist meist mit hoher Anstrengung für die Parteien, aber auch die Lehrkraft verbunden. Es müssen Gesprächsregeln von allen Beteiligten konsequent eingehalten werden, es muss aktives Zuhören stattfinden und im Optimalfall sollten Ich-Botschaften gesendet werden. Konfliktgespräche münden leicht in Endlosgespräche, in denen jeder darstellen möchte, was in Wirklichkeit passiert ist. Ungünstig sind diese Fragen (vgl. Bergsson/Luckfiel 2012, 72):
– Warum hast du das gemacht?
– Jetzt klären wir mal, was in Wirklichkeit passiert ist.
– Siehst du ein, dass du das nicht mehr tun darfst?

Bergsson und Luckfiel stellen stattdessen ein sechsphasiges Konfliktlösemodell vor (vgl. ebd., 75 ff.)
1. Die Situation strukturieren: Verständnis zeigen und Zeit nehmen, Gefühle spiegeln, noch nicht über den Vorfall sprechen.
2. Gesprächseröffnung: Beschreibung der äußeren Wirklichkeit zur emotionalen Entlastung der Schüler, Lehrkraft setzt eigene Wahrnehmung nicht ein.
3. Herausfinden des zentralen Problempunktes: Verstehen der assoziierten Gefühle und Ängste – denn das Verhalten steht direkt mit den Gefühlen in Verbindung.
4. Eine Lösung, die auf – für die Schüler – wichtigen Werten basiert: Was ist dir wichtig/dein Ziel? Was willst du erreichen? Die Schüler sollen dabei die Lösung als ihre eigene und nicht die der Lehrkraft empfinden.
5. Planen Sie den Erfolg der Lösung: Vorwegnahme möglicher Reaktionen und Gefühle im Rahmen eines Rollenspiels.
6. Bereiten Sie die Rückkehr vor: Rückkehr in die Klasse ermöglichen, ohne dass der Konflikt erneut hochkocht – dieser Schritt wird meist vergessen, ist aber essentiell.

Konkret bezogen auf den Pausenvorfall könnte ein Gespräch nach dem sechsphasigen Konfliktlösemodell folgendermaßen aussehen:
1. Die Situation strukturieren: »Jonas, ich merke, du bist richtig

wütend. Ich habe jetzt Zeit für dich.«/»Jonas, du bist total sauer. Ich sehe es dir an.«
2. Gesprächseröffnung: »Ich habe gehört, dass dein Mitspieler gesagt hat, dein Ball sei im Aus. Du bist dann auf ihn zugelaufen. Du hast die Faust gehoben.« (keine Wertung und Bewertung des Geschehenen)
3. Herausfinden des zentralen Problempunktes: »Du verlierst nicht gern, das verstehe ich.« (»Ich verliere auch nicht gern.« – authentisch bleiben)/»Du hast Angst, dass dich die anderen Kinder dann auslachen.«/»Du hast die Sorge, dass dich die anderen Kinder nicht in ihrer Mannschaft haben wollen, wenn du den Ball ins Aus schießt.«)
4. Eine Lösung, die auf – für den Schüler – wichtigen Werten basiert: »Du willst in der Pause weiter Fußball spielen dürfen. Du willst dabei immer gewinnen. Du möchtest nicht, dass andere Kinder über dich lachen. Was meinst du, kannst du davon beeinflussen? Und wie kannst du das beeinflussen?« (Schätzen Sie ab, ob das Kind kognitiv und vom Alter her dazu in der Lage ist, realistisch einzuschätzen, was es wirklich beeinflussen kann.)
5. Planen Sie den Erfolg der Lösung: »Stell dir vor, du verlierst morgen, weil du den Ball ins Aus schießt. Wie fühlt sich das an für dich?« oder »Stell dir vor, du schießt den Ball ins Aus und ein anderes Kind lacht. Was machst du?«
6. Bereiten Sie die Rückkehr vor: »Wir gehen jetzt gemeinsam in die Klasse zurück. Du weißt, dort ist das Kind, das du zuvor geschlagen hast. Bestimmt hast du eine Idee, wie du ihm begegnest.« (Ermöglichen, dass das erste Aufeinandertreffen der Konfliktparteien nicht vor der Klasse, sondern in einem geschützten kleinen Rahmen geschieht – Zuschauer »ausschalten«, da sie eine Konfliktlösung nicht begünstigen und eher Scham auslösen!)

Konfliktlösung steht in engem Zusammenhang mit Emotionen und insbesondere der Emotionsregulation. Es handelt sich allerdings um ein derart komplexes Gebiet, dass es sinnvoll ist, im Unterricht auf externe Unterstützung zurückzugreifen. Sei es durch Programme des Deutschen Kinderschutzbundes oder mit Unterstützung der Jugendsozialarbeit an Schulen. Eine Übersicht des Landespräventionsrats Niedersachsen ist im Internet unter dem Schlagwort »Grüne Liste Prävention« zu finden.

Ein weiteres evaluiertes Trainingsprogramm ist »Lubo aus dem All« (Hillenbrand et al. 2013). Ziel ist die Förderung sozial-emotionaler Kompetenzen im Anfangsunterricht, die sich genau diesen Aspekten widmet: Emotionen erkennen und wahrnehmen, Konflikte erkennen und adäquat reagieren sowie Transfer auf Konfliktsituationen im schulischen und nicht schulischen Alltag. Die Handreichung für Lehrkräfte enthält fertige Stundenbilder, die wöchentlich als Sozialtraining eingesetzt werden können. Durch die Implementierung in den Unterricht kann in Konfliktsituationen auf die erarbeiteten Handlungsmuster und Selbstinstruktionen verwiesen werden. Vor allem im Anfangsunterricht ist der Einsatz von Bilderbüchern zu empfehlen, in denen Konflikte stattfinden und gelöst werden. Eine Übersicht an Büchern mit Anregungen für den Unterricht ist in Bornebusch et al. (2014) zu finden.

Die Förderung von Emotionen im Sinne des Erkennens eigener und fremder Gefühle ist unterrichtsimmanent möglich. So bietet sich die Etablierung eines Gefühlsbarometers an, bei dem die Kinder täglich markieren können, wie sie sich fühlen. Das Darübersprechen im Morgenkreis mit dem Satzstarter »Heute fühle ich mich …« ist für die Lehrkraft zusätzlich aufschlussreich, um das Lern- und Sozialverhalten ihrer Schüler besser einschätzen und verstehen zu können. Wenn dies täglich nicht möglich ist, kann eine wöchentliche Gefühlerunde stattfinden. Im Lerntagebuch kann einfach ein Feld mit »Heute habe ich mich … gefühlt« eingefügt werden. Um authentisch zu sein, ist es wichtig, dass auch die Lehrkraft ihr Gefühl äußert. Besonders entscheidend ist hierbei die Ritualisierung, sodass die Schüler keine Hemmung haben und es zum Alltag gehört, über die eignen Gefühle zu sprechen. Zur Erleichterung bzw. sprachlichen Unterstützung können verschiedene Smileys angeboten werden, aus denen das Kind einen oder zwei auswählt und dazu spricht. In der Elternarbeit von schwer auffälligen Kindern kann auf spezielle Erziehungsprogramme wie »Triple P« (Turner et al. 2000) verwiesen werden. Allerdings ist es in solchen Fällen ratsam, sich zusätzliche Hilfen wie die Jugendsozialarbeit an Schulen mit ins Boot zu holen.

Jonas zeigt vor allem in offenen Situationen ein stark externalisierendes Verhalten. Er und seine Mitschüler profitieren im Sinne einer Störungsprävention durch eine bewusste Gestaltung offener Situationen. Dazu gehören nicht nur Pausen oder Wege im Schulhaus, sondern auch Übergänge von einer zur nächsten Unterrichtsphase und -stunde. Im Rahmen einer präventiven und impliziten Verhaltenssteuerung sind folgende Punkte zu berücksichtigen:
- Partnerarbeit → Wer arbeitet mit wem und an welchem Platz?
- Platzwechsel → Nacheinander in den Sitzkreis kommen/Wie trage ich meinen Stuhl gefahrlos?
- Wege im Schulhaus → Anstellplan – Wer geht neben wem und wo stellen wir uns an (Markierung mit Klebestreifen am Boden)?
- Umziehen in der Umkleide der Sporthalle → Wer zieht sich neben wem um? Wie viele Haken halte ich Abstand zum Nachbarn?
- Ausflug – Welche Regeln sind besonders wichtig? Welche Lehrkräfte sind dabei? Es gilt unsere Anstellreihe o. Ä.
- Unterrichtsfluss – Erfolgt dann, wenn die Lehrkraft alle notwendigen Materialien vorbereitet und systematisiert im Klassenraum bereithält und sich nicht mit langem Suchen aufhalten muss. Nur so ist eine durchgängige Präsenz und ein zügiger Unterrichtsphasenwechsel möglich.

Diese Anregungen mögen einfach und oftmals überflüssig wirken. Im Rahmen der Verhaltenssteuerung sind sie es aber keineswegs und müssen von der Lehrkraft gut durchdacht und in den meisten Fällen von der Klasse systematisch geübt werden. Diese Verfahrensabläufe führen dazu, dass unstrukturierte Situationen so gut wie möglich vermieden werden, da Abläufe vorhanden sind (vgl. Bornebusch et al. 2014, 136).

Hinzuweisen ist noch auf Jonas' hohes Aggressionspotenzial und sein schnelles Handgreiflichwerden. Jonas könnte von externen Programmen, wie beispielsweise dem »Fairen Raufen«, profitieren. Hierbei würde er lernen, seine körperlichen Kräfte realistisch und angepasst einzuschätzen und diese nur in angeleiteten Situationen einzusetzen. Beim Projekt »Faires Raufen« handelt es sich um Gewaltprävention, die bereits in Kindertagesstätten stattfinden kann. Ziel ist es, Aggression als positive Ressource zu sehen und scharf von Gewalt zu trennen. Dafür lernen die Kinder Regeln, die es beim Raufen einzuhalten gilt. In regelmäßigen »Raufstunden«, die intensiv vor- und nachbereitet werden, erhalten die Kinder Raum, sich selbst und andere besser einzuschätzen und Körpererfahrungen zu sammeln. So werden erarbeitete Regeln und Verhaltensweisen auf reale Konfliktsituationen übertragen. »Faires Raufen« wurde 2005 von der AWO Erziehungsberatungsstelle Augsburg entwickelt und wird mittlerweile mittels Multiplikatoren in Kindergärten, Grund- und Förderschulen erfolgreiche als frühe Gewaltprävention umgesetzt (vgl. Hirt 2007, 16 ff.).

Kinder mit sehr hohem Aggressionspotenzial benötigen meist über den Unterricht hinaus Hilfen. Wichtig ist es, weitere Institutionen und vor allem die Eltern ins Boot zu holen, da meist externe Unterstützungsmaßnahmen notwendig sind. Auch die kollegiale Fallberatung ist hier zu nennen, durch die alle Lehrkräfte, die das Kind unterrichten, auf demselben Kenntnisstand sind und sich in ihren (Re)Aktionen einig sind.

Jonas' Schwierigkeiten im Unterricht und im sozialen Umgang wurden – im Unterschied zu allen anderen Beispielen – nicht durch Lehrer-Schüler- oder Schüler-Schüler-Gespräche, sondern durch reine Verhaltensbeobachtungen ersichtlich. Ziel war die Sensibilisierung für das große Potenzial von Verhaltensbeobachtung und deren Dokumentation. Dies muss nicht immer nur durch die Klassenlehrkraft erfolgen. Beobachtungen von Fachlehrerkräften, Pausenaufsichten, Studierenden oder Sozialarbeitern können für diese Zwecke zusammengeführt werden. Manchmal kann eine kollegiale Fallberatung hilfreich sein, um ein bestimmtes Problemverhalten eines Schülers genauer zu analysieren und Lösungsansätze abzuleiten.

Des Weiteren ist bei Schülern mit Schwierigkeiten im sozial-emotionalen Bereich die Teamarbeit, frühzeitiges Handeln und der Einbezug aller pädagogisch sowie medizinischen Disziplinen entscheidend. Bei einer attestierten Störung des Sozialverhaltens – so weit ist es bei Jonas allerdings nicht – ist frühes Handeln entscheidend, da ein Auftreten vor dem zehnten Lebensjahr eine sehr ungünstige Langzeitprognose mit sich bringt (vgl. Lempp 2011, 61).

📖 **Weiterführende Literaturempfehlungen**

Bellingrath, J.: Verhaltensverträge. In: Lauth, G./Grünke, M./Brunstein, J. (Hrsg.) (2004): Interventionen bei Lernstörungen.

Bundeszentrale für gesundheitliche Aufklärung (2002): Achtsamkeit und Anerkennung – Grundschule

Grüne Liste Prävention des Landespräventionsrats Niedersachsen: www.grueneliste-praevtion.de/nano.cms/datenbank/information

Harms, U. (2014): Rund um den Förderschwerpunkt emotionale und soziale Entwicklung

Hillenbrand, C. et al. (2013): »Lubo aus dem All« 1./2. Klasse

Jefferys-Duden, K. (2014): Das neue Streitschlichterprogramm

Rhode, R./Meis, M. (2012): Wenn Nervensägen an unseren Nerven sägen

Rust, S. (2008): Wenn die Giraffe mit dem Wolf tanzt

8 Alles entscheidend: die Lehrerhaltung

Zierer hat die Hattie-Studie noch einmal für Lehrer zusammengefasst. Dabei kommt er zu dem Schluss, dass sich alle einzelnen Kategorien zu sechs Bereichen zusammenfassen lassen: Curricula und Schule, Lernende und Elternhaus sowie Lehrperson und Unterricht. Die Effektstärke dieser sechs Bereiche setzt er in Beziehung zueinander:

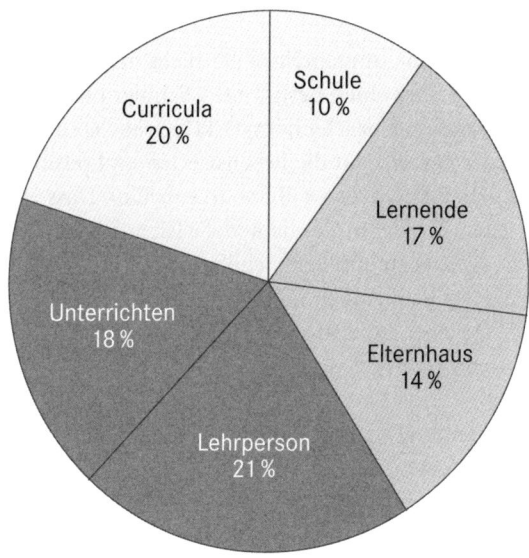

Abb. 23: Einflüsse auf schulischen Lernerfolg (Zierer 2016, 87)

Fast 40 % des schulischen Lernerfolgs beeinflusst der Lehrer durch seine Person sowie seinen Unterricht (zugleich sind es natürlich auch die Bereiche, an denen man als einzelner Lehrer direkt ansetzen kann).

Laut Zierer ist die Expertise eines Lehrers nicht das Gleiche wie dessen Erfahrung. Die Expertise »zeichnet sich vielmehr durch Fachkompetenz, pädagogische Kompetenz und didaktische Kompetenz aus und zudem durch eine starke Verbindung dieser Bereiche. Damit wird die Haltung, mit der Lehrpersonen in den Unterricht gehen und Lernenden begegnen, hervorgehoben« (Zierer 2016, 95).

Diese emotionale Haltung gegenüber allen Schülern wird auch von der KMK betont:

»Schüler müssen spüren, dass ihre (...) Lehrer ›ein Herz‹ für sie haben, sich für ihre individuellen Lebensbedingungen und Lernmöglichkeiten interessieren und sie entsprechend fördern und motivieren, sie fordern, aber nicht überfordern« (Sekretariat der Ständigen Konferenz der Kultusminister der Länder in der Bundesrepublik Deutschland 2000, 3).

Dieses »Herz haben« ist manchmal gar nicht so einfach, vor allem, wenn man sich über einen bestimmten Schüler oft ärgert. Gleich dem Motto »Was man beachtet, verstärkt sich auch« sollte man sich immer wieder bewusst auf die liebenswerten und positiven Seiten eines Schülers fokussieren (= Ressourcenbrille). Dass es Lehrern nicht bei jedem Schüler in gleichem Maße leichtfällt, dessen positive Seiten hervorzuheben und dem Schüler hierzu Feedback zu geben, ist zwar menschlich, jedoch nicht unbedingt hilfreich, schon gar nicht im Sinne einer Expertise, wie Zierer sie beschreibt. Auch wenn Schüler es manchmal gut verbergen, so haben doch alle das Grundbedürfnis, von ihren Eltern oder Lehrern gemocht zu werden, von ihnen Anerkennung zu erfahren und zu spüren, dass sie etwas gut machen und können, dass sie ein toller Mensch sind.

In der Sache selbst liegt, dass dieses Feedback gerade bei auffälligen Schülern nicht immer leichtfällt. Dennoch ist positive Zuwendung insbesondere für Schüler, die häufige negative Erfahrungen gemacht haben und machen, unabdingbar und von großer Bedeutung.

Nicht nur Schüler mit Lernbeeinträchtigungen haben oft ein negatives Selbstbild, auch deren Eltern teilen diese Einschätzung zumeist und spiegeln es ihrem Kind wider. Um dieses destruktive Empfinden zu durchbrechen, ist es essentiell, dass die Lehrkraft positive Seiten des Schülers hervorhebt. Selbst kleinste positive Veränderungen sollten mitgeteilt und Schüler wie Eltern auf diese positive Entwicklung aufmerksam gemacht werden. Dies erhöht die Wahrscheinlichkeit, dass gewünschtes Verhalten erneut gezeigt wird und auch von Elternseite verstärkt wird.

Um Schülern Kleinsterfolge (sei es im Lernen oder im Verhalten) zu ermöglichen, ist es sinnvoll, sie nicht mit der Klasse (soziale Bezugsnorm), sondern mit sich selbst (individuelle Bezugsnorm) zu vergleichen.

Denken Sie dabei an Daria, deren Verbesserung von 60 auf 30 Fehler im Diktat ein immenser Erfolg ist. Im Vergleich zur Klasse ist diese Fehlerzahl jedoch immer noch viel zu hoch. Von der Reaktion der Lehrkraft hängt ab, ob Daria sich weiter anstrengen oder ihre Bemühungen einstellen wird, wenn diese (nicht) wertgeschätzt werden. Dies gilt umso mehr, als Schüler mit Lernbeeinträchtigungen oft ein negatives Selbstkonzept hinsichtlich Schulleistung haben.

Ein weiterer sehr bedeutender Aspekt im Umgang mit Schülern mit Lernbeeinträchtigung betrifft die Prävention. Sehr oft kann Unterrichtsstörungen sowie Schwierigkeiten mit Inhalt, Arbeitsform und Arbeitsauftrag vorgebeugt werden. Montessoris »Vorbereitung der Umgebung« (Montessori 2008, 189) unterstützt Schüler und lässt einige Unebenheiten im Lernverlauf gar nicht erst entstehen.

Natürlich bereitet solch vorausschauendes Handeln oft mehr Mühe, es ist aber auch Ausdruck der eigenen Haltung:

 Prävention statt Deeskalation!

Erkennt man wirklich an, dass nicht alle Schüler gleich sind, braucht es sowohl für die Intervention als auch für die Prävention Lehrer, Teams und Leitungen, die sich die Freiheit nehmen und manchmal erkämpfen, kreativ nach Lösungen und neuen Wegen zu suchen. Der zentrale Paradigmenwechsel ist hier von »Allen das Gleiche« hin zu »Jedem das, was er braucht«.

Wichtig ist weiterhin, dass Lehrerhaltung nicht beim Schüler endet. Nimmt man die Eltern als zentralen Erziehungs- und Bildungspartner und Experten für ihr Kind ernst, so ist eine positive und zugewandte Arbeit mit den Eltern auf Augenhöhe wichtig.

Die Haltung »Alle Eltern wollen das Beste für ihr Kind« hilft, in einen positiven Elternkontakt auf Augenhöhe zu gehen.

In seltenen Fällen ist es nötig, die eigenen Grenzen zu akzeptieren. Dies ist dann der Fall, wenn alle Ressourcen ausgeschöpft sind. Eine enge Kooperation mit Eltern, Kollegen, Schulleitung, aber auch externen Partnern wie Jugendsozialarbeit oder Jugendamt ist entlastend und zeigt zudem auf:

Sie müssen und können nicht alles allein lösen!

Die Inklusion von Schülern mit Lernbeeinträchtigung ist eine sehr facettenreiche, anspruchsvolle, aber auch erfüllende Aufgabe. Humor und Gelassenheit sind hierbei Ihre wertvollsten Begleiter!

 Weiterführende Literaturempfehlung

Lemme, M./Körner, B. (^{2}2017): »Neue Autorität« in der Schule

Literatur

Albers, T.: Sprache als Schlüssel. In: Fördermagazin Grundschule (3/2015). München: Cornelsen, S. 5–9
Bayerisches Staatsministerium für Unterricht und Kultus (2012): Rahmenlehrplan für den Förderschwerpunkt Lernen
Bayerisches Staatsministerium für Unterricht und Kultus (2012b): Rahmenlehrplan für den Förderschwerpunkt Lernen – Teil 2, nur online abrufbar: URL: www.isb.bayern.de/download/11130/rahmenlehrplan.pdf (aufgerufen am 15.11.18)
Beauftragte der Bundesregierung für die Belange von Menschen mit Behinderungen (2017): Die UN-Behindertenrechtskonvention. URL: https://www.behindertenbeauftragte.de/SharedDocs/Publikatinen/UN_Konvention_deutsch.pdf?__blob=publicationFile&v=2 (aufgerufen am 05.12.17)
Bellingrath, J.: Verhaltensverträge. In: Lauth, G/Grünke, M./Brunstein, J. (Hg.) (2004): Interventionen bei Lernstörungen. Göttingen: Hogrefe, S. 371–381
Bergsson, M./Luckfiel, H. (^{9}2012): Umgang mit »schwierigen« Kindern. Berlin: Cornelsen
Bernstein, B. (1972): Studien zur sprachlichen Sozialisation. Düsseldorf: Schwann
Bettner, M./Dinges, E. (k.A.): Komm mit – rechne mit! Basis Wahrnehmung/Pränumerik. Oberursel: Finken
Betz, D./Breuninger. H. (1998): Teufelskreis Lernstörungen. Weinheim: Beltz
Bertelsmann Stiftung (2015): Inklusion in Deutschland. Daten und Fakten. URL: www.bertelsmann-stiftung.de/fileadmin/files/BSt/Publikationen/GrauePublikationen/Studie_IB_Klemm-Studie_Inklusion_2015.pdf (aufgerufen am 27.10.18)
Bleidick, U.: Lernbehindertenpädagogik. In: Bleidick, U. (Hg.) (1998): Einführung in die Behindertenpädagogik. Bd. II. Stuttgart: Kohlhammer, S. 106–131
Bönsch, M. et al. (Hg.) (2010): Kompetenzorientierter Unterricht. Braunschweig: Westermann
Born, A./Oehler, C. (2009): Lernen mit Grundschulkindern. Stuttgart: Kohlhammer
Born, A./Oehler, C. (^{8}2010): Lernen mit ADS-Kindern. Stuttgart: Kohlhammer
Bornebusch, K./Engmann, K./Schleske, C. (2014): Förderschwerpunkt emotionale-soziale Entwicklung. München: Oldenbourg
Brookhart, S. (2010): Wie sag ich's meinem Schüler? Weinheim und Basel: Beltz
Bruhn, T. (2015): Das Drei-Speicher-Modell nach Atkinson und Shiffrin. Norderstedt: GRIN

Bundeszentrale für gesundheitliche Aufklärung (2002): Achtsamkeit und Anerkennung. Materialien zur Förderung des Sozialverhaltens in der Grundschule. Köln

Bundschuh, K. (⁶2005): Einführung in die sonderpädagogische Diagnostik. München: Ernst Reinhardt

Bundschuh, K.: Emotionen/Emotionalität. In: Bundschuh, K./Heimlich, U./Krawitz, R. (Hg.) (³2007): Wörterbuch Heilpädagogik. Bad Heilbrunn: Klinkhardt, S. 56–58

Bundschuh, K./Dworschak, W.: Motorik. In: Bundschuh, K./Heimlich, U./Krawitz, R. (Hg.) (³2007): Wörterbuch Heilpädagogik. Bad Heilbrunn: Klinkhardt, S. 198–200

Bundschuh, K.: Wahrnehmung. In: Bundschuh, K./Heimlich, U./Krawitz, R. (Hg.) (³2007): Wörterbuch Heilpädagogik. Bad Heilbrunn: Klinkhardt, S. 294–297

Bundschuh, K./Heimlich, U./Krawitz, R. (2007): Integration/Inklusion. In: Bundschuh, K./Heimlich, U./Krawitz, R. (Hg.) (³2007): Wörterbuch Heilpädagogik. Bad Heilbrunn: Klinkhardt

Büttner, G./Hasselhorn, M. (2007): Förderung von Lern- und Gedächtnisleistungen. In: Walter, J./Wember, F. (Hg.): Sonderpädagogik des Lernens, Bd. 2. Göttingen: Hogrefe, S. 281–292

Crämer, C./Schumann, G.: Schriftsprache. In: Baumgartner, S./Füssenich, I. (Hg.) (⁴1999): Sprachtherapie mit Kindern. München, Basel: Ernst Reinhardt, 256–320

Dannenbauer, F.: Grammatik. In: Baumgartner, S./Füssenich, I. (Hg.) (⁴1999): Sprachtherapie mit Kindern. München, Basel: Ernst Reinhardt, S. 105–161

Daumenlang, C./Döllinger, I. (2002): Teilleistungsstörungen in der Grundschule. München: Oldenbourg

Duden (⁸2015): Deutsches Universalwörterbuch. Berlin: Duden

Eckerlein, T./von Pallandt, M.: Unterrichtsplanung. In: Heimlich, U./Wember, F. (Hg.) (2007): Didaktik des Unterrichts im Förderschwerpunkt Lernen. Stuttgart: Kohlhammer, S. 351–367

Einhellinger, C. (2018): Schülerinnen und Schüler mit Lernbeeinträchtigungen erkennen, fördern, unterrichten. Stuttgart: Kohlhammer

Ellinger, S. (2017): Weiß er nicht, kann er nicht oder will er nicht. VDS Bayern – Spuren, 56 (1) S. 6–11

Eßer-Mirbach, D.: Lernen lernen – konkret! 1/2. Oberursel: Finken

Faber, G. (2007): Selbstkonzept, Kausalattributionen und Leistungsangst im Rechtschreiben. www.d-nb.info/984538216/34 (aufgerufen am 02.06.2018)

Gold, A. (2016): Lernen leichter machen. Göttingen: Vandenhoeck & Ruprecht

Grohnfeldt, M. (Hg.) (²2003): Lehrbuch der Sprachheilpädagogik und Logopädie. Stuttgart: Kohlhammer

Grohnfeldt, M./Schönauer-Schneider, W.: Sprachheilpädagogische Aspekte des Unterrichts an unterschiedlichen Förderorten. In: Heimlich, U./Wember, F.

(Hg.) (2007): Didaktik des Unterrichts im Förderschwerpunkt Lernen. Stuttgart: Kohlhammer, S. 240–252

Grünke, M. (2006): Fördermethoden. Zur Effektivität von Fördermethoden bei Kindern und Jugendlichen mit Lernstörungen. Kindheit und Entwicklung 15 (4), Göttingen: Hogrefe, S. 239–254

Grünke, M. (2007): Richtig fördern – aber wie? URL: http://li.hamburg.de/contentblob/3851664/a0ff62bcad8a24af08a12af7299fb662/data/download-pdf-vortrag-matthias-gruenke-2007-richtig-foerdern.pdf (aufgerufen am 23.09.17)

Grünke, M./Castello, A. (2004): Attributionstraining. In: Lauth, G./Grünke, M./Brunstein, J.: Interventionen bei Lernstörungen. Göttingen: Hogrefe, S. 382–390

Harms, U. (2014): Rund um den Förderschwerpunkt emotionale und soziale Entwicklung. Mülheim an der Ruhr: Verlag an der Ruhr

Hattie, J. (2009): Visible Learning. New York: Routledge

Hattie, J. (2014): Lernen sichtbar machen für Lehrpersonen. Baltmannsweiler: Schneider Hohengehren

Heidtmann, H.: Sprache. In: Bundschuh, K./Heimlich, U./Krawitz, R. (Hg.) (^{3}2007): Wörterbuch Heilpädagogik. Bad Heilbrunn: Klinkhardt, S. 262/263

Heimlich, U./Lotter, M./März, M. (2005): Diagnose und Förderung im Förderschwerpunkt Lernen. Donauwörth: Auer

Heimlich, U. (2012): Lernschwierigkeiten. Bad Heilbrunn: Klinkhardt

Helmke, A. (^{7}2017): Unterrichtsqualität und Lehrerprofessionalität. Seelze-Velber: Kallmeyer

Hillenbrand, C. (^{4}2008): Einführung in die Pädagogik bei Verhaltensstörungen. München: Ernst Reinhardt

Hillenbrand, C. (^{3}2011): Didaktik bei Unterrichts- und Verhaltensstörungen. München: Ernst Reinhardt

Hillenbrand, C. et al. (^{2}2013): Lubo aus dem All – 1. und 2. Klasse. Programm zur Förderung sozial-emotionaler Kompetenzen. München: Ernst Reinhardt

Hirt, S. (2007): Faires Raufen als Gewaltprävention. In: Erziehungsberatung aktuell – Mitteilungen der LAG Bayern 2/2007. URL: www.awo-augsburg.de/images/stories/PDF/flyer_kids/fairesraufen_eb%20aktuell%202–07.pdf (aufgerufen am 03.11.2018)

Jakob, R. (Hg.) (2013): Förderschwerpunkt Lernen – Deutsch und Mathematik 1/2. München: Oldenbourg

Jefferys-Duden, K. (^{7}2014): Das neue Streitschlichterprogramm. Hamburg: Persen

Karibu (2014): Handreichungen für Lehrerinnen und Lehrer, Ausgabe Bayern. Braunschweig: Westermann

Knauf, T./Kormann, P./Umbach, S. (2006): Wahrnehmung, Wahrnehmungsstörungen und Wahrnehmungsförderung im Grundschulalter. Stuttgart: Kohlhammer

Koch, K.: Soziokulturelle Benachteiligung. In: Walter, J./Wember. F. (Hg.) (2007): Sonderpädagogik des Lernens Band 2. Göttingen: Hogrefe, S. 104–116

Kretschmann, R.: Lernschwierigkeiten, Lernstörungen und Lernbehinderung. In: Walter, J./Wember. F. (Hg.) (2007): Sonderpädagogik des Lernens Band 2. Göttingen: Hogrefe, S. 4–32

Lack, C. (2011): Denken und Rechnen. Vorkurs. Mathematische Grundlagen. Braunschweig: Westermann

Langer, I./Schulz von Thun, F./Tausch, R. (^{10}2015): Sich verständlich ausdrücken. München: Ernst Reinhardt

Lauth, G./Grünke, M./Brunstein, J. (2004): Interventionen bei Lernstörungen. Göttingen: Hogrefe

Lelgemann, R. (2010): Körperbehindertenpädagogik. Stuttgart: Kohlhammer

Lemme, M./Körner, B. (^{2}2017): »Neue Autorität« in der Schule. Heidelberg: Carl-Auer-Systeme

Lempp, T. (2011): Kinder- und Jugendpsychiatrie. München: Elsevier, Urban & Fischer

Lerche, T.: Übung. In: Kiel, E. (Hg.) (2012): Unterricht sehen, analysieren, gestalten. Bad Heilbrunn: Klinkhardt (S. 145–169)

Lohmann, G. (^{12}2015): Mit Schülern klarkommen. Berlin: Cornelsen

Maras, R./Ametsbichler, J. (2011): Unterrichtsgestaltung in der Grundschule – ein Handbuch. Donauwörth: AAP Lehrerfachverlage

Marks, S. (^{5}2015): Scham – die tabuisierte Emotion. Ostfildern: Patmos

Martschinke, S./Kirschhock, E.-M./Frank, A. (^{8}2014): Diagnose und Förderung im Schriftspracherwerb, Bd. 1: Der Rundgang durch Hörhausen. Donauwörth: Auer

Meyer, H. (2003): Zehn Merkmale guten Unterrichts. In: Pädagogik 10/2003. S. 36–43

Miller, G. (1956): The Magical Numer Seven, Plus or Minus Two. In: The Psychological Review, Nr. 63, S. 81–97

Montessori, M. (^{24}2008): Kinder sind anders. München: dtv

Myschker, N. (^{6}2009): Verhaltensstörungen bei Kindern und Jugendlichen. Stuttgart: Kohlhammer

Nickisch, A./Kiese-Himmel, C. (2009): Auditive Verarbeitungs- und Wahrnehmungsleistungen 8- bis 10-Jähriger: Welche Tests trennen auffällige von unauffälligen Kindern? Laryngo-Rhino-Otologie, 88, S. 469–476

Omer, H./von Schlippe, A. (2010): Stärke statt Macht. Göttingen: Vandenhoeck & Ruprecht

Osburg, C.: Sprachentwicklungsstörungen und Störungen des Schriftspracherwerbs. In: Grohnfeldt, M. (Hg.) (^{2}2003): Lehrbuch der Sprachheilpädagogik und Logopädie Band 2. Stuttgart: Kohlhammer, S. 113–125

Petermann, F./Döpfner, M./Görtz-Dorten, A. (^{3}2016): Ratgeber aggressives und oppositionelles Verhalten bei Kindern. Göttingen: Hogrefe

Reber, K./Schönauer-Schneider, W. (^{3}2014): Bausteine sprachheilpädagogischen Unterrichts. München: Ernst Reinhardt

Reber, K./Schönauer-Schneider, W. (2017): Sprachförderung im inklusiven Unterricht. Praxistipps für Lehrkräfte. München: Ernst Reinhardt

Reber, K. (^{2}2017): Prävention von Lese- und Rechtschreibstörungen im Unterricht. München: Ernst Reinhardt
Reber, K./Steidel, M. (2016): Zabulo. Individuelle Lernmaterialien. Weiden: Paedalogis
Rhode, R./Meis, M. (^{12}2006): Wenn Nervensägen an unseren Nerven sägen. München: Kösel
Rust, S. (^{5}2008): Wenn die Giraffe mit dem Wolf tanzt. Burgrain: KOHA
Sander, A.: Förderzentrum. In: Bundschuh, K./Heimlich, U./Krawitz, R. (Hg.) (^{3}2007): Wörterbuch Heilpädagogik. Bad Heilbrunn: Klinkhardt, S. 84 – 87
Sattler, B. (^{11}2003): Das linkshändige Kind in der Grundschule. Donauwörth: Auer
Schäfer, J. (2015): Die Visuelle Wahrnehmung trainieren. Hamburg: Persen
Schaub, H./Zenke, K.G. (^{5}2002): Wörterbuch Pädagogik. München: dtv
Schromm, F. (2017): Wenn Kinder nicht erfolgreich lernen … In: Grundschulmagazin, 85 (4), S. 54 – 56
Schromm, F. (2017): Äußere Ordnung führt zu innerer Ordnung. In: Grundschulmagazin, 85 (5), S. 54 – 57
Schromm, F. (2017): Sprechen lernt man nur durch Sprechen. In: Grundschulmagazin, 85 (6), S. 52 – 55
Schröder, U. (^{2}2005): Lernbehindertenpädagogik. Stuttgart: Kohlhammer
Sekretariat der ständigen Konferenz der Kultusminister der Länder in der Bundesrepublik Deutschland (1994): Empfehlungen zur sonderpädagogischen Förderung in den Schulen in der Bundesrepublik Deutschland. URL: www.kmk.org/fileadmin/veroeffentlichungen_beschluesse/1994/1994_05_06-Empfehlung-sonderpaed-Foerderung.pdf (aufgerufen am 02.11.18)
Sekretariat der ständigen Konferenz der Kultusminister der Länder in der Bundesrepublik Deutschland (1999): Empfehlungen zum Förderschwerpunkt Lernen. URL: www.kmk.org/fileadmin/Dateien/pdf/PresseUndAktuelles/2000/sopale.pdf (aufgerufen am 02.11.18)
Sekretariat der Ständigen Konferenz der Kultusminister der Länder in der Bundesrepublik Deutschland (2000): Aufgaben von Lehrerinnen und Lehrern heute – Fachleute für das Lernen. URL: www.kmk.org/fileadmin/veroeffentlichungen_beschluesse/2000/2000_10_05-Aufgaben-Lehrer.pdf (aufgerufen am 12.11.2018)
Sekretariat der Ständigen Konferenz der Kultusminister der Länder in der Bundesrepublik Deutschland (2015): Empfehlungen zur Arbeit in der Grundschule. URL: www.kmk.org/fileadmin/Dateien/pdf/PresseUndAktuelles/2015/Empfehlung_350_KMK_Arbeit_Grundschule_01.pdf (aufgerufen am 18.11.2018)
Seligman, M. (^{4}1992): Erlernte Hilflosigkeit. Weinheim/Basel: Beltz
Simon, H./Grünke, M. (2010): Förderung bei Rechenschwäche. Stuttgart: Kohlhammer
Souvignier, E.: Kooperatives Lernen. In: Heimlich, U./Wember, F. (Hg.) (2007): Didaktik des Unterrichts im Förderschwerpunkt Lernen. Stuttgart: Kohlhammer, S. 138 – 148

Spitzer, M. (2006): Lernen. Heidelberg: Spektrum

Staatsinstitut für Schulpädagogik und Bildungsforschung (⁵2003): Aufmerksamkeitsgestörte, hyperaktive Kinder und Jugendliche im Unterricht. Donauwörth: Auer

Staatsinstitut für Schulqualität und Bildungsforschung (2005): Kinder fordern uns heraus. Donauwörth: Auer

Staatsinstitut für Schulqualität und Bildungsforschung (2014): Wenn Schüler mit geistiger Behinderung verhaltensauffällig sind. München: Ernst Reinhardt Verlag

Staatsinstitut für Schulqualität und Bildungsforschung München (2018): Interne Evaluation in Bayern. URL: www.interne-evaluation.isb.bayern.de/ (aufgerufen am 31.05.2018)

Statistisches Bundesamt (2018): Schulen auf einen Blick. URL: www.destatis.de/DE/Publikationen/Thematisch/BildungForschungKultur/Schule/BroschuereSchulenBlick0110018189004.pdf;jsessionid=E981041EF9F1081907D-FC14BBE5D6424.InternetLive1?__blob=publicationFile (aufgerufen am 27.10.2018)

Steffens, U./Höfer, D. (2014): Die Hattie-Studie. URL: www.sqa.at/pluginfile.php/813/course/section/373/hattie_studie.pdf (aufgerufen am 18.11.2018)

Stern, E. (2003): Wissen ist der Schlüssel zum Können. In: Psychologie heute. 30 (2003) 7, S. 30–35

Stompe, A. (2005): Armut und Bildung: PISA im Spiegel sozialer Ungerechtigkeit. Bulletin-Texte, 29–30, S. 132–144. URL: https://www.gender.hu-berlin.de/de/publikationen/gender.../texte2930pkt13.pdf (aufgerufen am 11.12.17)

Tenorth, H.-E./Tippelt, R. (Hg.) (2007): BELTZ Lexikon Pädagogik. Weinheim und Basel: Beltz

Turner, K. et al. (2000): Kleiner Helfer »Grundschulkinder« Positive Erziehung Triple P. PAG Institut für Psychologie

Watzlawick, P. (2016): Man kann nicht nicht kommunizieren. Göttingen: Hogrefe

Weier, U.: Rhythmisierung – Warum? Wann? Und wie? In: Nerowski, C./Weier, U. (Hg.) (2010): Ganztagsschule organisieren – ganztags Unterricht gestalten. Nürnberg: Digital Print Group, S. 207–218

Wemmer, K. (2018): Übungen zur phonologischen Bewusstheit 1 – Reime und Silben. Sonderpädagogische Förderung 1./2. Klasse. Hamburg: Persen

Wemmer, K. 2 (2018): Übungen zur phonologischen Bewusstheit 2 – An-, In- und Auslaute. Sonderpädagogische Förderung 1./2. Klasse. Hamburg: Persen

Wemmer, K. 3 (2018): Übungen zur phonologischen Bewusstheit 2 – Laut-Buchstaben-Zuordnung. Sonderpädagogische Förderung 1./2. Klasse. Hamburg: Persen

Werning, R./Lütje-Klose, B. (2006): Einführung in die Pädagogik bei Lernbeeinträchtigungen. München: Ernst Reinhardt

Zerle, K. (2016): Natürliche Autorität im Klassenzimmer. Hamburg: AOL

Zierer, K. (2016): Hattie für gestresste Lehrer. Baltmannsweiler: Schneider Hohengehren

Sachregister

Aggressionspotenzial 120 f.
Aktivierung 25, 89
akustische Signale 56, 70
Anlauttabelle 89
Anstrengungsbereitschaft 43 f.
Antlitzgerichtetheit 72, 83, 87, 93
Anweisungsverständnis 83
Arbeitsaufträge 51 f., 56 f., 69 f., 72, 83, 92
Arbeitsblattgestaltung 58 f.
Arbeitsgedächtnis 21, 25, 30, 39 f., 50, 55, 90, 96
Arbeitshaltung 43, 47, 54
Arbeitsverhalten 34, 42 f., 52
Armut 14 f., 17 f., 63
auditive Analyse 69, 90
auditive Verarbeitungs- und Wahrnehmungsschwäche 70
auditive Wahrnehmung 89
Aufmerksamkeit 16, 40, 47, 52, 55 f., 58, 64, 70–72, 74, 87
auditive 72
Auge-Hand-Koordination 73 f.
Aussprache 16, 82, 86, 90, 94
Automatisierung 50

Belohnung 45, 105 f., 110, 116
Belohnungssysteme 44 f., 47
Bewegung 61 f.
Bewegungsanlässe 60, 66, 68
Bildungsarmut 14, 17
Blickkontakt 52, 59, 83, 85, 93, 95, 109, 114 f.

Denken und Lernstrategien 16, 18, 39, 41 f., 77
Desinteresse 64
Didaktische Reduktion 112
Differenzierung 11, 30, 45
direkte Instruktion 23, 31 f., 71
dysgrammatisch 54, 81

Elaborierter Code 77 f.
emotionale Kompetenz 100
Emotionen 13, 15 f., 95, 99–102, 115, 118 f.
Emotionen und soziales Handeln 16, 18, 115
Empathie 16, 99
Entwicklungsbereiche 12, 16 f., 39
Erfolgserlebnisse 44
Ergotherapie 35, 37, 60, 75
Erinnerung 39, 98
erlernte Hilflosigkeit 13
erschwerte Lebenssituation 17 f., 38, 43, 45, 63, 80, 101
erschwerte Lernsituation 15, 17 f.
Expertise 29, 124
externalisierendes Verhalten 13, 15, 43, 73 f., 115, 120

Fähigkeitsselbstkonzept 40, 43 f., 47, 54, 81
familiäre Sozialisation 38, 41
Feedback 23, 25 f., 44, 47, 85, 124
  selbstreferenzielles 44, 47
Feinmotorik 65, 68
Figur-Grund-Wahrnehmung 58, 73 f.
Fokussierung 55–58, 96

Förderbedarf 7, 10–12, 21, 23, 25, 115
  sonderpädagogischer 11
Förderschwerpunkt Lernen 10–12,
  15–17, 39, 77, 86
Formkonstanz 73 f.
Fragehaltung 84, 91
Frustrationstoleranz 40, 43 f., 54 f.,
  73

Gedächtnis 30, 39, 42, 49, 64, 69
  auditives 49, 69 f.
Gefühlsbarometer 119
Gesprächsregeln 72, 85, 96, 117
Giraffensprache 116
Giraffen- und Wolfssprache 115 f.
grundlegende Denkprozesse 39, 42
grundlegende Sprachdimensionen
  16, 77, 80, 82
guter Unterricht 20

Haltung 28 f., 33, 48, 51, 97, 115,
  124–126
Handlungsbegleitendes Sprechen
  66, 83
Handlungsplanung 16, 54, 56, 59, 73
Hattie-Studie 21–23, 25, 123
Hyperaktivität 55, 103 f.

Ich-Botschaften 117
Impulsivität 55, 103 f.
individuelle Bezugsnorm 28, 44,
  48, 125
Inklusion 7, 15, 29 f., 126–128
inklusiver Unterricht 34, 38, 83, 97
Intelligenz 38, 95
Intelligenzquotient 38
Interaktion 12, 16 f., 39, 61 f.

Kausalattribution 12, 26 f., 44
KEB-Modell 107, 110
Kind-Umfeld-Analyse 14
Klarheit 23 f., 51, 59, 104
Klassenführung 21, 23, 55
Kognition 41

Kommunikation und Sprache 16, 18
Kompetenz 17, 25, 29, 32, 38,
  99–103, 124
Konflikt 22, 103 f., 107 f., 116 f., 119
Konfliktfähigkeit 16, 100, 115
Konfliktlösemodell 117
Konfliktwahrnehmung 115 f.
Konzentration 16, 24, 51, 54 f., 71
Konzentrationsfähigkeit 31, 55
Kooperationsfähigkeit 40
Körperhaltung 64, 94–96, 115
Körperspannung 64 f., 67 f.
Kultusministerkonferenz 10 f.

Lateralität 65, 75
Lautanalyse 69, 89
Lauthandzeichen 90, 93
Lehrersprache 24, 51 f., 70, 83, 86
Lernbehinderung 10, 38
Lernerfolg 21, 79, 99, 123
lernförderliches Klima 27, 33
Lernmotivation 26, 33, 54, 111
Lernort 46 f., 76
Lernpartner 111–113
Lernstil 23, 40, 43 f.
Linkshänder 65, 67
Lob 44, 98, 105 f., 110
Logopädie 35, 37, 82 f.

Metakognition 41, 71, 77
Metasprache 87 f., 91, 98
metasprachliche Bewusstheit 16, 77
Mimik 79, 83, 94 f.
Modellierungstechniken 84, 86 f.,
  91
Modelllernen 83
Motivation 16, 26 f., 40, 43 f., 49, 64,
  73, 99
Motorik und Wahrnehmung 16,
  61–63, 77

negative Konsequenz 107
Neue Autorität 22, 28

offene Situationen 97, 115, 120
oppositionelles Verhalten 103, 105

Perspektivübernahme 115
phonologische Bewustheit 69, 87–89, 91, 93, 98
Planung 41, 51
positive Konsequenzen 105, 107
positives Gesprächsklima 85 f., 96
Präsenz 21 f., 28, 108, 120
problemlösend-abstrahierendes Denken 39, 42
Proxemik 94

Rahmenlehrplan 12, 15–17, 39 f., 77, 86, 99
Raum-Lage-Wahrnehmung 73, 75
räumliche Beziehungen 65, 73, 75
Raumorganisation 65
Regeln 21, 36 f., 51, 73, 76, 81 f., 96, 104 f., 110, 114, 120 f.
Reizreduktion 47, 56, 58 f.
Reproduktion 41, 49, 98
Resilienz 15
Ressourcen 30, 48, 54, 56, 124, 126
Restringierter Code 77 f.
Rhythmisierung 30, 32, 40, 57, 66
Rituale 21

Satzeinstiegshilfen 86, 97
Satzmuster 46, 97
Satzstarter 97, 119
Scham 13 f., 118
Schriftspracherwerb 69, 87, 90
Schülerorientierung 28
Schulleistung 26, 125
Schulunlust 43
Selbstbild 99
Selbstreflexion 39, 41 f.
Selbstständigkeit 16, 40
Selbstwirksamkeitsüberzeugung 33
Signal 52, 56 f.
soziale Benachteiligung 14 f., 17 f.
soziale Bezugsnorm 28, 125 f.

soziale Kompetenz 99–103
soziales Handeln 16, 18, 100, 102, 115
soziales Umfeld 13 f., 17
Soziogramm 112
Spiegeln 98, 104
Spontansprache 81
Sprachbewusstsein 91
Sprachcode 78, 80, 82
Sprachförderung 98
Sprachmodell/e 82, 84
Sprachverständnis 80 f.
Störungsbewusstsein 81, 94–96, 98
Strategie/n 25, 31, 40 f., 52 f.
Strategietraining 71
Strukturierung 24, 45 f., 56 f., 76
Stützfaktoren 16, 40, 42 f.

Teufelskreis Lernstörungen 13, 15, 18, 32
Tischziel 105 f.
Tokensysteme 44, 57
Transfer 49, 82, 119
Trias 17, 24, 101, 115

Übung/en 25, 49, 53, 66–68, 86–95, 113, 115
Umgang mit Störungen 21
Unterricht 7, 9, 11 f., 16 f., 20–22, 31, 33, 38–40, 43, 45, 51 f., 55 f., 58 f., 61 f., 64–68, 70, 72 f., 75, 77, 79 f., 82 f., 85 f., 88, 91 f., 95–97, 99–101, 104, 110–112, 115 f., 118 f., 121, 123 f.
Unterrichtsform/en 101 f., 113

verbale und nonverbale Kommunikation 16, 79 f.
Vergessen 50
Verhaltensauffälligkeiten 79
Verhaltenssteuerung 120
Vermeidungsverhalten 43, 47, 49
Verstärken 98

Visualisierung 46 f., 50, 52, 57, 70 f., 83, 87, 92 f., 97
visuelle Wahrnehmung 16, 73, 75 f.
Vorwissen 14, 38, 41

Wertschätzung 51, 104, 108
Wiederholung 50, 53, 60, 72, 113
Wissen 25, 28 f., 32 f., 38, 40, 50

Wolfssprache 115 f.
Wortschatz 16, 24, 51, 78, 80, 82, 94

zabulo 91
Zeitliche Strukturierung 56
Zeitmanagement 21, 40, 54
Zuhörregeln 96
Zuhör- und Gesprächsverhalten 94